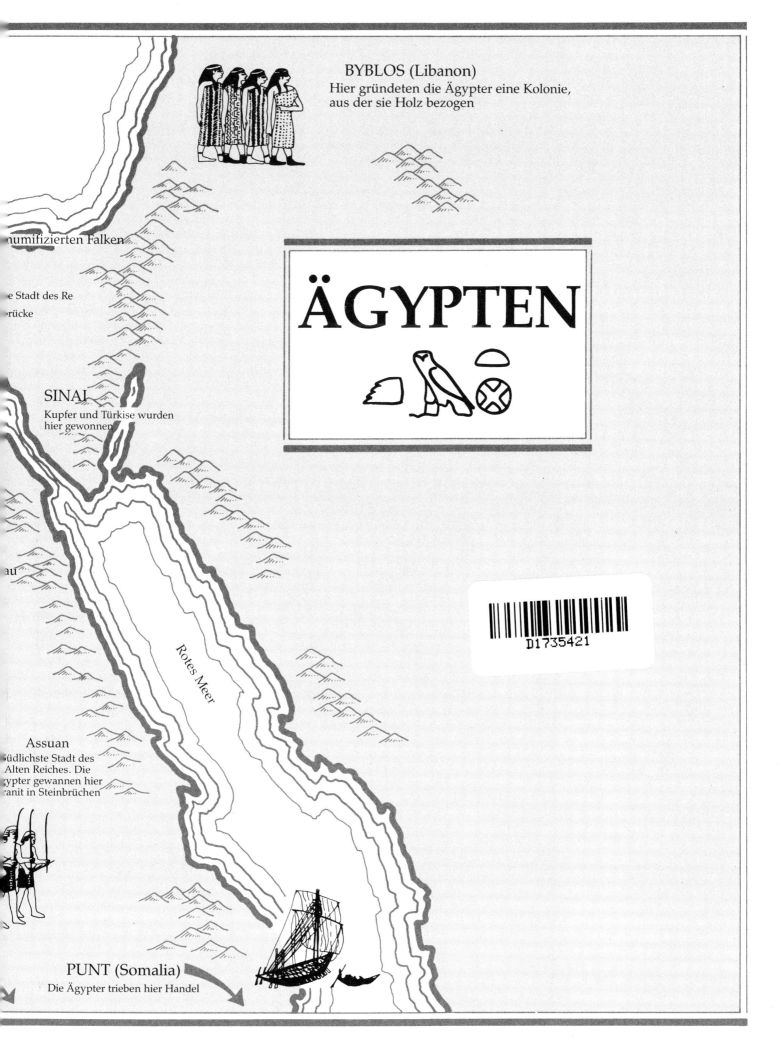

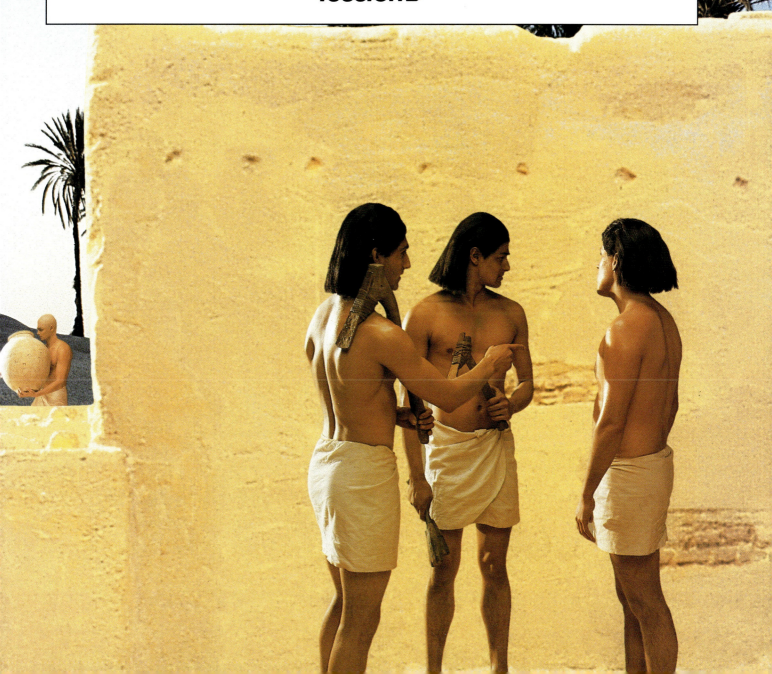

○ ICH WAR DABEI ○

PYRAMIDEN
IM REICH DER GROSSEN PHARAONEN

Tessloff

ICH WAR DABEI

PYRAMIDEN
IM REICH DER GROSSEN PHARAONEN

JOHN D. CLARE

Beratender Herausgeber ROSALIE DAVID

Tessloff Verlag

Copyright © 1991 Roxby Paintbox Company Limited

Copyright © 1991 für die deutsche Fassung Tessloff Verlag, Nürnberg

Aus dem Englischen von Thomas M. Höpfner

Alle Rechte vorbehalten

ISBN 3-7886-0903-6

DANKSAGUNGEN

Berater: The British Museum,
Abteilung Ägyptische Altertümer
Kostüme: Joanna Measure, Val Metheringham
Schmuck: Angie Woodcock
Make-up: Alex Cawdron, Caroline Kelly, Pat Postle, Hilary Steinberg
Modelle: Chris Lovell, Neville Smith
Statisten: Caroline Gardener, Helen Pettit
Rollenbesetzung: Mike Loades
assistiert von Gordon Summers
Assistent des Fotografen: Alex Rhodes
Bildrecherche: Valerie Tongue

Roxby Paintbox dankt auch folgenden Personen:
Ian Abbey, Mandy Adams, Paul Aves, Ben Ayrton, Brian Bruce, Andy Deane, Fiona Dolman, Maria Galante, Joe Gatt, Daniel Illsley, Sally Anne Jade, Paul Konec, Philip Lewis, Marcello Marascalchi, Mark Montgomerie, Emilly Murray, Mark Nickels, Robin Ollet, Sarah Parish, Briony Plant, Anita Qadri, Trevor Rawlings, Gordon Rennie, Louise Saunders, John Thompson, Jeremy Ward, Michael Weedon, Juliette Young, Angelo Zappone.

Weitere Fotografen: Mit freundlicher Genehmigung von den Treuhändern des British Museum, S. 62 unten links, 63 Mitte links; Anthony Parks, S. 26−27; Robin Scagell, S. 30−31; Spectrum Colour Library, S. 8−9, 42−43, 48−49; Zela Picture Library, S. 1−5, 6−7, 40−41.

Fotographischer Direktor Tymn Lyntell
Fotografie Charles Best
Art Director Dalia Hartman
Visualisierung/System-Operator Antony Parks

Herausgeber Gilly Abrahams
Beratender Herausgeber Dr. Rosalie David
Redakteur der Reihe Susan Elwes
Redaktionsassistentin Valerie Tongue
Karten/Zeittafel Simon Ray-Hills

Lithografie F. E. Burman Ltd., Columbia Offset Ltd
Dalim Computer Graphic Systems U. K. Ltd,
J. Film Process Ltd, Trademasters Ltd

Druck Arti Grafiche Motta S.p.A., Mailand, Italien

Inhalt

Das alte Ägypten	6
Die Cheopspyramide	8
Die Nilschwelle	10
Die Zeit der Trockenheit	12
Die ägytische Gesellschaft	15
Alltag	16
Kosmetik	19
Das Festmahl	21
In der Schule	22
Beim Arzt	25
Jagd	27
Beschluß des Pharao	28
Die Nordrichtung auffinden	30
Planieren	33
Im Steinbruch	35
Die erste Lage Steine	36
Die Deckenplatten der Grabkammer	38
Auf halbem Wege	40
Unfälle	42
Königsfiguren aus Stein	44
Äußerer Mantel und Nachbearbeitung	47
Die letzte Reise	49
Mumifizierung	50
Das Einsargen	53
Ritual der Mundöffnung	54
Nach der Bestattung	57
Opfergaben für den Toten	59
Die Schiffsgruben	60
Woher wissen wir all dies?	62
Index	64

Das alte Ägypten

Vor rund 4500 Jahren, als in Nordeuropa die Menschen noch in steinzeitlichen Hütten lebten und Beeren aßen, bestand in Ägypten eine blühende Zivilisation. Die damaligen Herrscher begannen, für sich gewaltige Grabbauten zu errichten, die Pyramiden. Die Pyramiden von

Giza entstanden 1200 Jahre vor der Regierungszeit Tutanchamuns und 2500 Jahre vor der der Königin Kleopatra. Sie waren für Kleopatra so „antik", wie es die Bauten der alten Griechen für uns sind.

Die ägyptische Zivilisation entwickelte sich im Tal des Flusses Nil. Der südliche Teil des Landes, zwischen Assuan und Giza, wurde *To-schema* genannt, Oberägypten. Hier ist das Niltal nur maximal 20 Kilometer breit und das Klima heiß und trocken. Zu beiden Seiten des Tales dehnt sich Wüste, von den Ägyptern *Deschret* genannt, das Rote Land.

Achthundert Kilometer nördlich von Assuan teilt sich der Fluß, bevor er in das Mittelmeer mündet. Dieses Deltagebiet wurde *To-mehu* genannt, Unterägypten. Es ist tiefliegendes, ebenes Gebiet mit Grasland, Marschen und erfrischenden Brisen.

Im alten Ägypten regnete es sehr selten. Wenn es regnete, dann meist in heftigen, zerstörerischen Güssen, und deshalb betrachteten die alten Ägypter Niederschläge als eine sehr schlechte Methode zur Bewässerung des Bodens. Alles Wasser für Ackerbau und Trinkzwecke wurde dem Nil entnommen. Zudem überflutete der Nil alljährlich das Ackerland und hinterließ beim Abschwellen schwarzen, fruchtbaren Schlamm. *Kemet*, das „Schwarze Land", nannten die alten Ägypter ihr Land. Der Name Ägypten wurde erstmalig von den alten Griechen benutzt.

Um 3100 v. Chr. vereinigte Menes, König von Oberägypten, die beiden Länder Ober- und Unterägypten. Menes gründete seine Hauptstadt an der Grenze zwischen den zwei Ländern und erbaute dort den Palast der Weißen Mauer. In späterer Zeit bezeichneten die Ägypter die Person ihres Herrschers als Per-ô („großes Haus"), und von Per-ô kommt das moderne Wort „Pharao". Um den Palast herum entstand eine Stadt, die Memphis genannt wurde.

Das alte Ägypten war in rund 38 Gaue (Verwaltungsbezirke, Provinzen) eingeteilt. Sie trugen Namen wie „Schlangen"-Gau, „Straußenfeder"-Gau und Gau des „mumifizierten Falken".

Religion und Glaube

Die Ägypter hatten neun Hauptgottheiten. Osiris, der Herrscher der Toten, war der beliebteste Gott. Er war, so der Mythos, von seinem Bruder, dem

bösen Gott Seth, getötet und zerstückelt worden, aber Isis, seine Schwester und Gemahlin, erweckte ihn wieder zum Leben. Nephthys, die Beschützerin der Toten, war Seths Schwester und Gemahlin. Die übrigen Gottheiten walteten in Naturerscheinungen. Da war Nut, die Göttin des Himmels, die sich über die Erde beugt; Tefnut, die Göttin der Feuchtigkeit; Re, der Sonnengott. Nach dem Glauben der alten Ägypter fuhr Re täglich die Sonne in einem Boot über den Himmel.

Dem Vorbild von Seth und Osiris folgend, heirateten die Pharaonen Ägyptens oft ihre Schwestern.

Es gab noch viele andere Götter – Chnum war der Erschaffer des Menschen, Thoth der Erfinder der Schrift, Ptah der Gott der Handwerker, Anubis der Schutzgott der Balsamierer, Sobek der Krokodilgott.

Horus, der Falke, war der Schutzgott Ägyptens. Die Ägypter glaubten, daß ihr Pharao der Gott Horus in Menschengestalt war.

Ägyptische Priester lehrten, daß jenseits des westlichen Horizonts das unterirdische Reich des Oiris lag, die Welt der Toten. Alle gewöhnlichen Ägypter hofften, nach ihrem Tode in dieses Land zu kommen. Aber über dem Himmel lag das himmlische Jenseits, das Land der Götter, wo Re herrschte. Nur der Pharao, glaubten die Ägypter, war rein und mächtig genug, um in den Himmel einzugehen. Wenn ein Pharao starb, sagte man, er sei zum Horizont emporgestiegen.

Weil die Ägypter an ein Leben nach dem Tode glaubten, mumifizierten sie ihre Toten und bauten die Pyramiden.

Der Herrscher

Die Epoche der ägyptischen Geschichte von 2686 bis 2181 v. Chr. wird als das Alte Reich bezeichnet.

Im Jahre 2558 v. Chr. bestieg Chephren, der Sohn und zweite Nachfolger des Cheops, den Thron Ägyptens.

Chephren, der vierte Pharao der vierten Dynastie (Pharaonenfamilie, Königshaus) war der Enkel von Snofru, dem Begründer der vierten Dynastie. Chephren war mit seiner Schwester

Khame-re-nebti verheiratet, mag aber noch drei weitere Frauen gehabt haben.

Bei seiner Krönung lief Chephren südwärts und nordwärts um den Palast der Weißen Mauer herum, um zu zeigen, daß er Herr Ober- und Unterägyptens war. Er trug zwei Kronen, die rote Krone Unterägyptens und die weiße Krone Oberägyptens.

Chephren war wahrscheinlich mächtiger als jeder andere Herrscher in der Geschichte Ägyptens. Er leitete die gesamte Verwaltung und war der Hohepriester. Seinen Befehlen durfte niemand widersprechen, sein Wort wurde automatisch Gesetz. Ganz Ägypten war sein Privatbesitz. Chephren nannte sich als erster Pharao „der große Gott" und „der Sohn des Re".

Alle zwei Jahre reiste Chephren durch Ägypten. „Das Horusgeleit" hieß diese Unternehmung. In der königlichen Barke auf dem Nil fahrend, besuchte er jeden Gau und sah die Akten der örtlichen Beamten ein. Die Adligen erhoben vor dem reisenden Pharao anbetend die Hände und riefen: „Verehrung dir, o du Gott. Dein Volk kann sehen, wie schön du bist."

Wie mächtig und reich Chephren war, das zeigen die Größe und die Pracht seiner Pyramiden.

Die Cheopspyramide

Die erste ägyptische Pyramide erbaute um 2650 v. Chr. Pharao Djoser. In den nächsten zehn Jahrhunderten errichteten die Herrscher Ägyptens rund 90 Pyramiden. Die größten und berühmtesten sind die Pyramiden von Giza, erbaut von Cheops, Chephren und Chephrens Sohn Mykerinos.

Die Pyramide des Cheops ist das größte Steingebäude der Welt. Auf der Grundfläche dieser Pyramide hätten die Dome von Florenz und Mailand, die Peterskirche in Rom sowie die St.-Pauls-Kathedrale und die Westminster Abbey in London Platz. Die Cheopspyramide war so fest gebaut, daß die ersten Archäologen, als sie das Innere erforschen wollten, mittels Schießpulver Tunnel sprengen konnten, ohne daß die Pyramide zusammenstürzte. Schon zur Zeit der Pharaonen unternahmen reiche Ägypter Ausflüge zu dem Ort, um die Pyramide zu sehen.

Jede Pyramide gehörte zu einem größeren Komplex, der noch zwei Tempel und mitunter auch kleinere Pyramiden (möglicherweise für die Königinnen) umfaßte. In der Nähe der Cheopspyramide befanden sich die kleineren Mastabas (traditionelle Grabbauten aus Lehmziegeln oder Steinen) hochgestellter Persönlichkeiten.

Eine Pyramide war ein religiöses Monument. Für die Ägypter repräsentierten ihre gebößten Seitenflächen die Strahlen des Sonnengottes Re. Nach altägyptischem Glauben konnte der tote

Pharao auf diesem Wege zum Himmel emporsteigen.

Die Errichtung einer Pyramide dauerte 20 bis 30 Jahre. Sie kostete einen großen Teil des Reichtums Ägyptens und die Arbeit Tausender Menschen.

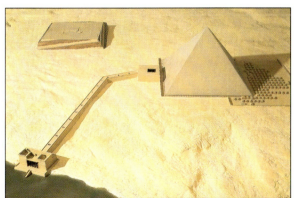

An der Pyramide des Pharao Chephren wird noch gebaut, aber die Große Pyramide, von den Ägyptern „der Horizont des Cheops" genannt, ist vollendet, und in ihr liegt der Leichnam des Pharao Cheops. Die Pyramide ist 146 m hoch. Jede Seite mißt 230 m. Der Bau besteht aus 2,3 Millionen Steinblöcken – damit könnte man eine niedrige Mauer rund um den Erdball bauen. Der Eingang zur Grabkammer befindet sich hoch über der Geländeoberfläche an der Nordseite der Pyramide. Er ist völlig hinter Verkleidungsblöcken verborgen, denn er soll geheim bleiben.

Die Pyramide ist Präzisionsarbeit. Die Differenz zwischen der längsten und der kürzesten Seite beträgt weniger als 20 cm. Die Ecken sind fast akkurate rechte Winkel (Fehler: 0,09 Prozent), und die Basis ist nahezu vollkommen eben (Fehler: 0,004 Prozent). Die Verkleidungsblöcke außen an der Pyramide schließen so genau aneinander, daß man nicht einmal ein Haar dazwischenschieben kann.

Die Nilschwelle

In einem guten Jahr erreichte der Nil am Palast der Weißen Mauer 8 m Fluthöhe. Zur Zeit des Pharao Djoser brachten sieben Jahre geringer Nilschwelle Hungersnot. Wenn die Überschwemmung zu groß war, gab es Ernteausfall, weil das Wasser zu langsam zurückging. Priester maßen den Wasserstand mit „Nilometern". Danach konnten Beamte den Ernteertrag im voraus schätzen und die Höhe der dann fälligen Abgaben – den Steuerertrag – berechnen.

Der Fluß hatte erheblichen Einfluß auf die ägyptische Zivilisation. Die Ägypter mußten das Überschwemmungswasser auf die Felder leiten und

Dämme anlegen, damit sich der Schlamm absetzte. Aus den Erfordernissen im Zusammenhang mit der Erhaltung von Dämmen und Bewässerungsgräben erklärt sich, daß Ägypten als erstes Land der Erde eine straffe zentralisierte Regierung bekam. Aus dem Wasserstandmessen und der Notwendigkeit, die Feldergrenzen immer wieder neu zu bestimmen, entwickelte sich die Mathematik. Da der Fluß so gute Transportmöglichkeiten bot, waren Räderfahrzeuge nicht allgemein in Gebrauch. Pferd und Kamel kamen erst in viel späterer Zeit ins Nildelta.

Vornehme Ägypter verbrachten Mußestunden auf dem Fluß. Wäschern und Fischern war der Fluß die Lebensgrundlage. Jeder Ägypter lernte schon als Kind, vor Krokodilen und Nilpferden auf der Hut zu sein.

Die Bauern legten ihre Dörfer auf künstlichen Hügeln oberhalb der Flutgrenze an. Für die meisten Bauern war die Zeit der Überschwemmung, *Achet*, eine Zeit der Ruhe. Wer nicht an den Dämmen oder den Pyramiden arbeiten mußte, trank Bier und genoß die freien Tage.

Jedes Jahr, von Juni bis September, strömt Schneeschmelzwasser vom äthiopischen Hochland nach Ägypten. Es hinterläßt schwarzen Schlamm, der den Boden für die nächstjährige Ernte fruchtbar macht. Das ist die Zeit der Überschwemmung, *Achet*. Die Ägypter glauben, daß der Nil ein Gott ist und daß Chnum, der Schöpfergott, den Fluß anschwellen läßt.

Die Zeit der Trockenheit

Von Oktober bis Februar dauerte die Jahreszeit des „Hervorkommens", *Projet*. Die Ägypter pflügten, hackten und legten Wassergräben an. Der Vorsteher der Vorräte teilte Saatgetreide aus, das mit der Hand in die Erde gebracht wurde.

Die Bauern bauten Emmer (eine Weizenart), Gerste, Obst und Gemüse an, ebenso Flachs (für die Verarbeitung zu Leinen) und Papyruspflanzen (für die Herstellung eines Schreibmaterials). Sie sammelten Honig, denn sie hatten keinen Zucker. Die Ägypter hielten sich Gazellen und Kraniche, sie besaßen Rinder, Schafe, Ziegen und Schweine.

Von Februar bis Juni dauerte die Erntezeit, *Schôm* (Trockenheit). Die Arbeiter schafften in Fünfer-„Mannschaften" unter einem *Kherp* (Halter der Zuchtrute).

Im Dorf wurden die Garben von Ochsen auf der Tenne ausgestampft. Tierkot und Schmutz vermengten sich mit den Körnern.

Ernteszene mit Flötenspiel. Die Bauern beten beim Mähen zu der Göttin Isis, weil sie glauben, daß das Abschneiden der Halme die Göttin daran erinnert, wie ihr Gemahl von seinem Bruder Seth zerstückelt wurde. (siehe S. 49) Sie schneiden die Gerste gleich unterhalb der Ähre ab (siehe oben), damit sie das nutzlose Stroh nicht ins Dorf schleppen müssen, und lassen die Ähren zu Boden fallen. Die Ähren werden gesammelt und auf Esel verladen.

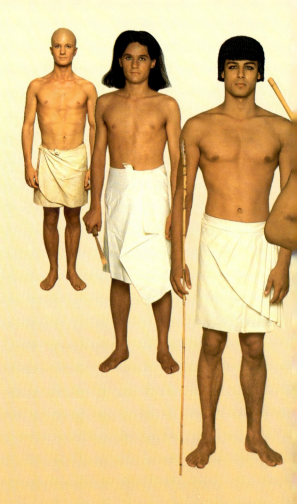

Die ägyptische Gesellschaft

Chephrens höchste Beamte waren *Imachu* („Freunde" des Pharao) und in der Regel Mitglieder der königlichen Familie. Sie führten Handelsdelegationen an, befehligten das Heer und amtierten als Nomarchen (Gaustatthalter). Der Wesir (*Tjaty*) war der oberste Richter und zugleich überwachte er das Schatzamt und das Haus der Kornspeicher (Landwirtschaftsministerium). Manchmal gestattete der Pharao einem *Imachu*, ein Privatgrab in der Nähe der Pyramiden anzulegen und sich nach der Bestattung mit Nahrungsmitteln für das Leben im Jenseits versorgen zu lassen.

Alle Verwaltungsbeamten waren Schreiber (gebildete Leute). Weniger bedeutend als die *Imachu* waren die Sekretäre und Sandalenträger und die Leute, die die Aufsicht über die königliche Tafel führten oder als Aufseher an den Pyramiden arbeiteten. Viele Schreiber taten Dienst als Priester in den Hunderten von Tempeln, die es für die Götter gab, oder in den Totentempeln.

Auf einer niedrigeren Stufe der Gesellschaft standen die *Hemuu* – Handwerker wie Weber, Steinmetze, Schuster und Goldschmiede, die lieferten, was die Reichen brauchten. Unter ihnen standen die *Meret* (Bauern), die die Bevölkerungsmehrheit bildeten und von der Landwirtschaftsverwaltung Schwerarbeit zugeteilt bekamen. Es gab keine Sklaven in Ägypten, aber die *Meret* (auf deren Plackerei die gesamte Gesellschaft fußte) genossen keinerlei persönliche Freiheit. Wenn der Pharao einem Vornehmen Land gab, schenkte er ihm gleichzeitig die Bauern, die dort lebten.

Chephren, angetan mit Galaschurz und künstlichem Bart. Er hält Krummstab und Geißel in den Händen, die Sinnbilder seiner Herrschermacht und seiner Fürsorge für Ägypten. Hinter ihm stehen (von rechts nach links) sein Sohn Mykerinos, ein Mitglied der Königsfamilie, ein Schreiber (der Stock ist Zeichen seiner Autorität), ein Aufseher, ein Handwerker *(Hemuu)* und ein Bauer *(Meret)*.

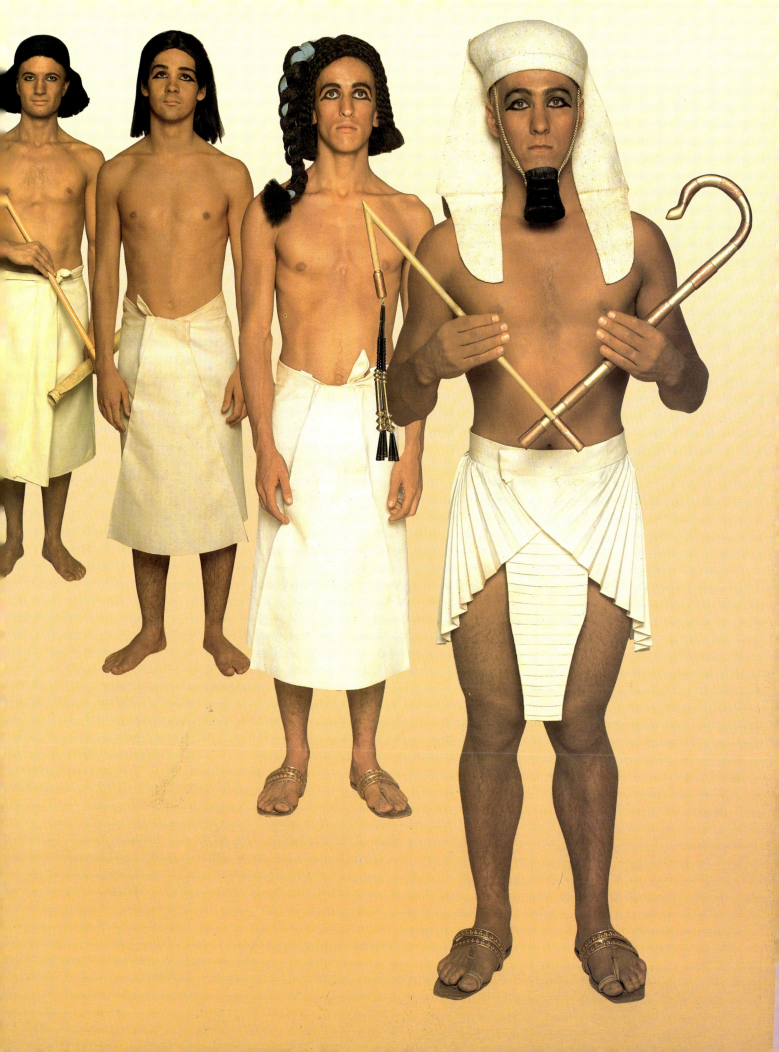

Alltag

In den Städten standen die Behausungen der Armen – der Arbeiter und Handwerker – dicht beieinander in einem Gassenlabyrinth. Aus luftgetrockneten Lehmziegeln errichtet, waren sie manchmal bloß niedrige Hütten, wenn sie auch zwei oder drei Räume und einen kleinen Hof hatten. Eine Stiege führte auf das flache Dach. In der heißen Zeit schlief die Familie auf dem Dach.

Die Menschen starben jung, und so bildeten Kinder einen großen Teil der Bevölkerung. Die Städte waren voller junger Leute. Knaben spielten Huckepackspiele, Tauziehen und Bockspringen. Mädchen spielten mit Puppen, tanzten und machten sich die Haare. Um für die Jungen attraktiv zu sein, trugen sie Schmuck und Make-up. Die Ägypter küßten einander nicht durch Berühren der Lippen, sondern sie rieben ihre Nasen aneinander.

Geheiratet wurde, wenn die Mädchen etwa 12 und die Jungen etwa 15 Jahre alt waren. Ein Ägypter heiratete aus Liebe und bemühte sich dann, seiner Frau „den Bauch zu füllen und ihren Rücken zu bekleiden". Mann und Frau nannten einander zwar „Bruder" und „Schwester", aber Geschwisterehen, wie sie in der königlichen Familie üblich waren, gab es bei gewöhnlichen Familien nicht.

Im Alten Reich leben die Ägypterinnen im Hause, zufrieden mit dem, was der Mann erreicht. Während die Kinder spielen, besorgen sie den Haushalt. Sie bereiten das Bier zu und zerkleinern Gemüse. Ihre Hauptaufgabe ist es, täglich Brot zu backen. Sie zerstoßen das Korn, zerreiben es, tun Wasser an das Mehl und mischen etwas rohes Brot von gestern darunter, damit der Teig aufgeht. Dann machen sie aus dem Teig Laibe von unterschiedlicher Form, die sie an den Wänden ihrer Lehmöfen oder in heißer Asche backen.

Das Mehl ist voller Schmutz und Tierkot, deshalb haben die Menschen oft Leibschmerzen. Und da der Abrieb, der beim Mahlen ins Mehl gelangt, die Zähne abwetzt, sind auch Zahnschmerzen eine weit verbreitete Plage.

Kosmetik

In den Oberschichten war der Abendschmaus der Höhepunkt des Tages.

Die Frauen und vor allem die Männer in Ägypten waren sehr kleidungsbewußt. Am Nachmittag begannen Mann und Frau, sich für den Abend zurechtzumachen. Sie rieben sich Öl und Parfüms in die Haut ein und rasierten sich Kopf und Körper mit bronzenem Rasiergerät. Der Gesundheit zuliebe purgierten die Ägypter häufig; sie nahmen ein Abführmittel aus Sennesblättern und Sennesmus, um sich zu entleeren.

Obwohl alle Ägypter Perücken trugen, wollten sie nicht kahl werden, und um dem Haarausfall

vorzubeugen, rieben sie sich Stoffe wie Gazellenkot und Nilpferdfett in die Kopfhaut. Das Blut eines schwarzen Stieres enthielt, so glaubten sie, ein Zaubermittel gegen das Grauwerden.

Man mußte darauf achten, daß man immer gut roch, denn Körpergeruch war ein Zeichen von Sündhaftigkeit. Kleider wurden mit einem Parfüm aus Myrrhe, Weihrauch und duftenden Pflanzen eingerieben. Beim Festmahl setzte ein Diener, der Obersalber genannt, jedem einen Salbkegel auf den Kopf. Der Kegel war parfümiert und schmolz im Laufe der warmen Nacht langsam herab. So war dafür gesorgt, daß die Damen und Herren am Ende des Abends so angenehm rochen wie zu Beginn.

Die Damen an Chephrens Hof kauten Honigpillen, das machte den Atem duftend. Sie trugen rote Lippenschminke und malten sich auch die Zehen- und Fingernägel rot an. Zum Umranden der Augen diente Kohl, ein schwarzes Mittel aus zerkleinertem Bleierz, und zum Blauschattieren der Augen nahm man pulverisiertes Kupfererz.

Halsbänder, Armbänder und Fußspangen vervollständigten die Toilette.

Modebewußte Ägypter tragen Perücken auf ihren kahlgeschorenen Köpfen. Sie nehmen Kohl für ihre Augen und Augenbrauen, blaue Lidschatten und Lippenschminke und benutzen eine Palette zum Mischen und einen Spiegel (kleines Bild links). Die Frauen tragen auch duftende Salbkegel.

Das Festmahl

Im Alten Reich lebten Hofbeamte und ihre Familien beim Pharao im Palast der Weißen Mauer. Die reicheren Würdenträger besaßen Sommerhäuser, wo sie ausspannen konnten.

An allen wichtigen Feiertagen wurden Festmähler veranstaltet, aber oft ließen Reiche einfach, um Freunde zu bewirten, von ihren Dienern üppige Bankette anrichten. Dann gab dem Adligen sein *Ka* (Geist der Großmut) Gelegenheit, „gastfrei seine Arme auszustrecken". Dienerinnen trugen den Versammelten Fleisch von Rind, Ziege, Antilope, Gans und Ente auf. Alle Speisen waren mit eingeführten Kräutern und Gewürzen zubereitet.

Die Gäste aßen mit den Fingen, sie tranken ein bißchen Wein und delektierten sich an vier Sorten Bier. Sie hielten sich Lotosblüten unter die Nase und zerdrückten zwischen den Fingern die Blätter, um sich an dem Duft zu erfreuen.

Duft war den Ägyptern wichtig. Das Bild „Nase" bedeutet in der ägyptischen Schrift „riechen", „schmecken" und auch „genießen". Bei einem Festmahl roch es immer nach einem Duftgemisch von Parfüms, Blüten, Speisen und Gewürzen, das exotisch war und zu Kopfe stieg.

Am späten Abend unterhielten Sänger, Akrobaten und Zauberer die Gäste. Mädchen boten mit eleganten Bewegungen ruhige Tänze dar. An Instrumenten wurden Klappern, Sistren (Rasseln aus Metall) und Harfen benutzt. Wie ihre Musik geklungen hat, wissen wir nicht.

Es gab auf Papyrus geschriebene Texte, die Verhaltensregeln für Bankett-Gäste enthielten. Der Gast sollte auf seine Speisen blicken, damit sich niemand angestarrt fühlte. Die Höflichkeit gebot, nur zu sprechen, wenn man angesprochen wurde, und nur zu lachen, wenn andere lachten. „So ist es in Ägypten", heißt es in einem Leitfaden der guten Manieren, „und nur ein Narr würde sich darüber beklagen."

Beim Festmahl eines Vornehmen sitzen Männer und Frauen getrennt. Sie bleiben die ganze Nacht lang sitzen und beteiligen sich weder am Tanzen noch am Gesang. Sie glauben, daß Mahlzeiten den Göttern lieb und wert sind und gutes Benehmen verlangen.

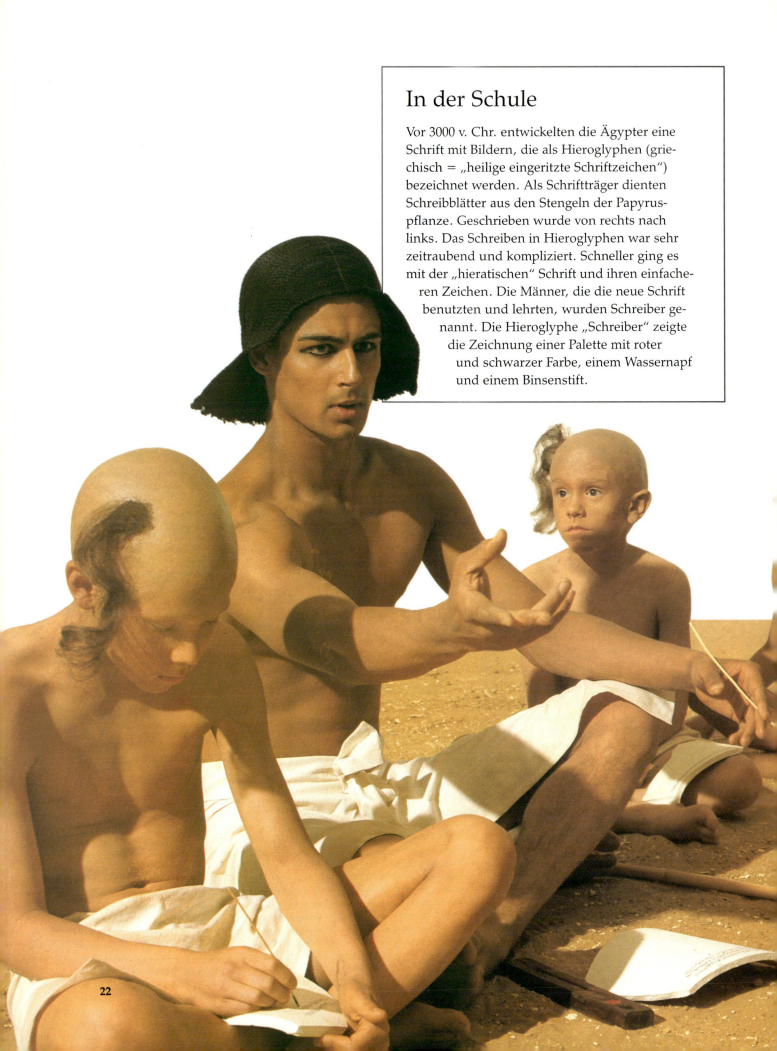

In der Schule

Vor 3000 v. Chr. entwickelten die Ägypter eine Schrift mit Bildern, die als Hieroglyphen (griechisch = „heilige eingeritzte Schriftzeichen") bezeichnet werden. Als Schriftträger dienten Schreibblätter aus den Stengeln der Papyruspflanze. Geschrieben wurde von rechts nach links. Das Schreiben in Hieroglyphen war sehr zeitraubend und kompliziert. Schneller ging es mit der „hieratischen" Schrift und ihren einfacheren Zeichen. Die Männer, die die neue Schrift benutzten und lehrten, wurden Schreiber genannt. Die Hieroglyphe „Schreiber" zeigte die Zeichnung einer Palette mit roter und schwarzer Farbe, einem Wassernapf und einem Binsenstift.

Für alle ägyptischen Kinder begann der Schulbesuch, sobald sie vier Jahre alt waren. Mit 12 Jahren hatten sie es gewöhnlich hinter sich. Die Jungen begannen nun, den Beruf des Vaters zu erlernen, während die Mädchen ihren Müttern im Haushalt halfen. Beamtensöhne lernten im Anschluß an die Schule einige Jahre lang weiter. Auch manche Mädchen taten das und wurden Schreiberinnen, aber im Alten Reich machten sich die Leute über das Schreiben von Frauen lustig.

Einem Schreiber standen viele Laufbahnen offen. Ein Schreiber konnte beim Heer oder beim Schatzamt arbeiten, er konnte Arzt, Priester oder Baumeister werden. In der Fachausbildung wurde emsiger Einsatz verlangt. Allerdings hatte ein Schreiber es besser als die meisten anderen Menschen in ihren Berufen, heißt es in einem alten Dokument; der Schreiber sei sein eigener Herr, wohingegen der Schmied sich am heißen Herd abrackere und wie verfaulter Fischrogen stinke.

Die Schüler lernen Sprichwörter und Geschichten auswendig und kopieren vorgegebene Texte auf Keramik- oder Tonscheiben oder glatte Kalksteinstücke.

Sie lernen lesen, schreiben und rechnen, ältere Schüler werden in Geographie und Geschichte unterwiesen. Man bringt ihnen nicht bei, selbständig zu denken. Fragen stellen und Mangel an Ehrerbietung ziehen Strafen nach sich. Die Lehrer gehen davon aus, daß die Knaben ihre Ohren auf dem Rücken haben und nur hören, wenn es Prügel setzt.

Der Unterricht ist sterbenslangweilig. Die Schüler sehnen die Mittagszeit herbei, denn dann werden die Mütter kommen, um sie abzuholen, und ihnen Brot und feines Gerstenbier bringen.

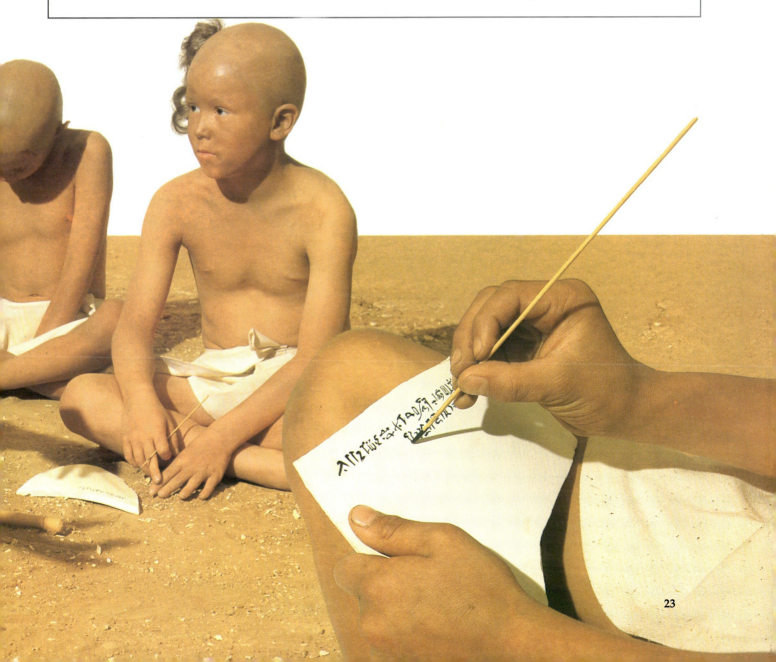

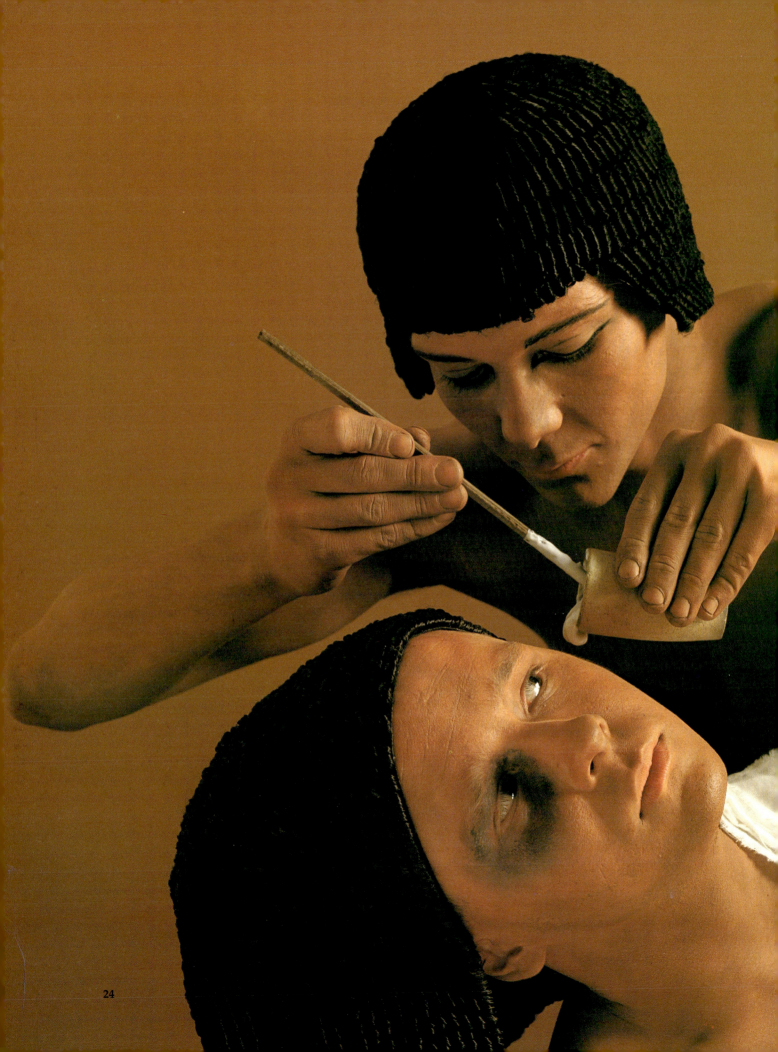

Beim Arzt

Im Alten Reich stand die Heilkunst auf halbem Wege zwischen der Magie des Zauberers und der Wissenschaft des modernen Arztes.

Ärzte hatten auf Papyrus geschriebene Texte, in denen stand, wie der Patient zu untersuchen und Diagnosen zu stellen waren. Die Ärzte achteten auf Symptome wie z. B. „Blut wie gebratenes Schweineblut". Sie konnten ausgezeichnet verbinden und erste Hilfe leisten." Manche ihrer Arzeneien enthielten Heilstoffe, die man noch heute verwendet.

Oft aber konnten Ärzte weder heilen noch Schmerzen lindern. In solchen Fällen griffen sie zu Zauberkuren. So enthielt etwa die Salbe gegen Blindheit ein Schweineauge, weil die Ärzte glaubten, es besitze die magische Kraft des Sehvermögens. Sie wandten auch Zaubersprüche und -mittel mit übelriechenden Kräutern und Fisch als Schutz gegen die Geister an.

Ein Arzt mochte gefragt werden, wie man Flöhe loswurde oder wie man Kleidung einen angenehmen Duft verleihen konnte. Der Arzt war ein Weiser, der alle Antworten kennen sollte.

„Du wirst blind", sagt der Arzt zu dem Vornehmen, „aber diese Krankheit kann ich behandeln." Er nimmt ein Schweineauge, etwas Roten Ocker und Honig und rührt alles zusammen. Dann gießt er es dem Patienten in das Ohr und spricht zweimal die Zauberformel: „Ich habe dieses Mittel an die Stelle der Störung gebracht; du wirst wieder sehen."

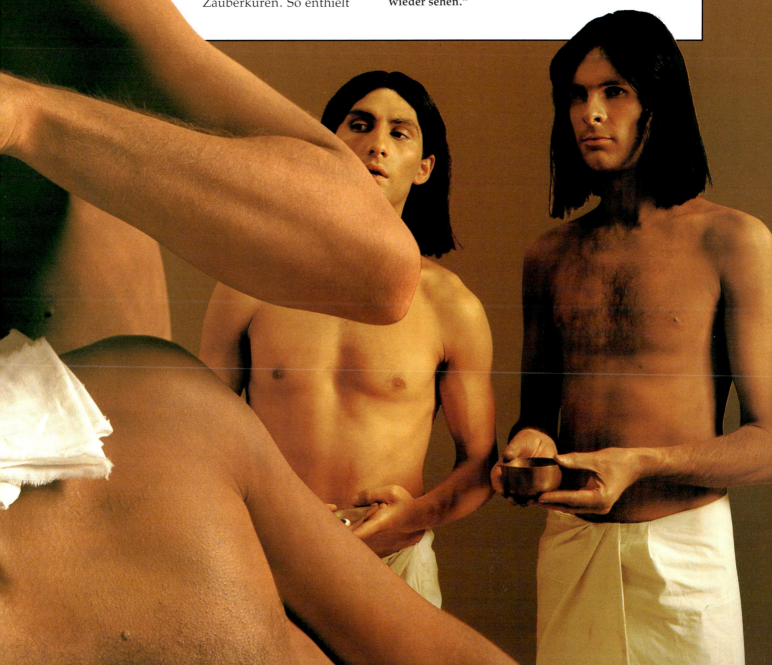

Jagd

Arme Ägypter jagten, um sich mit Lebensmitteln zu versorgen. Sie fingen Vögel oder fischten mit Netzen verschiedener Art. Vornehme Ägypter erlegten Vögel in den Sümpfen mit dem Wurfholz (einer Art Bumerang) und fischten mit Harpunen. Der Einsatz dieser altertümlichen Jagdwaffen erforderte viel Geschicklichkeit. Reiche Leute fuhren in kleinen Papyrusbooten aus und machten mit Harpunen und Seilen Jagd auf Nilpferde, was großen Mut verlangte, denn das Nilpferd war ein sehr wildes und starkes Tier.

Andere Vornehme jagten in der Wüste. Der für den Wüstengau zuständige Minister führte auch den Titel Meister der Jagd. Die Vornehmen fingen mit dem Lasso Steinböcke und Antilopen und hielten sie als Haustiere. Damen schätzten gefangene Affen als Schoßtiere. Paviane wurden auf den Märkten als Wächter eingesetzt. Vornehme machten mit Hunden Jagd auf Leoparden und Löwen und hofften, eines der sagenhaften Tiere der Wüste zu fangen – die Sphinx, mit Männerkopf und Löwenleib, oder ein *Saget*, halb Löwe, halb Falke.

Die Jagd war nicht bloß ein Sport. In der Horus-Legende (siehe S. 49) hatte der böse Gott Seth die Gestalt eines Nilpferdes angenommen. Auch in den Wüstentieren lebe Seth, hieß es. Mit dem Töten dieser Tiere wiederholten die Ägypter den Sieg von Horus über Seth, als Symbol für den Sieg der Kultur über die Unordnung. Priester jagten Löwen, um sie dem Nilgott zu opfern, damit er den Fluß wieder anschwellen lasse. Das Krokodil, Sobek, war selbst ein Gott.

Jäger, von der Jagd zurück, gehen mit ihrer Wildvogelbeute durchs Dorf. Ein junger Adliger zielt mit einem Wurfholz auf einen Vogel. Im Hintergrund tragen Bauern einen Sack Korn, der als Abgabe abzuliefern ist.

Beschluß des Pharao

Chephren regierte Ägypten, wie Re über die Götter herrschte. Seine Autorität war ungeheuer. Wer das Szepter des Pharao auch nur versehentlich berührte, mußte es mit dem Leben büßen. Ein Wesir, der die Füße des Pharao statt den Boden vor ihm mit der Nase küssen durfte, hatte den Gipfel der Ehren erreicht.

Der Pharao kontrollierte das gesamte Handelswesen, Privatunternehmen gab es nicht. Er schickte Händler nach Kusch (Äthiopien), Punt (Somalia) und Byblos (Libanon), Grubenarbeiter zu den Sinaibergen, Heere nach Nubien (Sudan) und Libyen.

Chephren war zwar allmächtig, aber eingespannt in ein feststehendes Zeremoniell. Er mußte bei Tagesanbruch wach sein und wurde dann von den Frauen seines Harems gewaschen. Tagtäglich mußte er seinen Ahnen Gaben von Speisen dar-

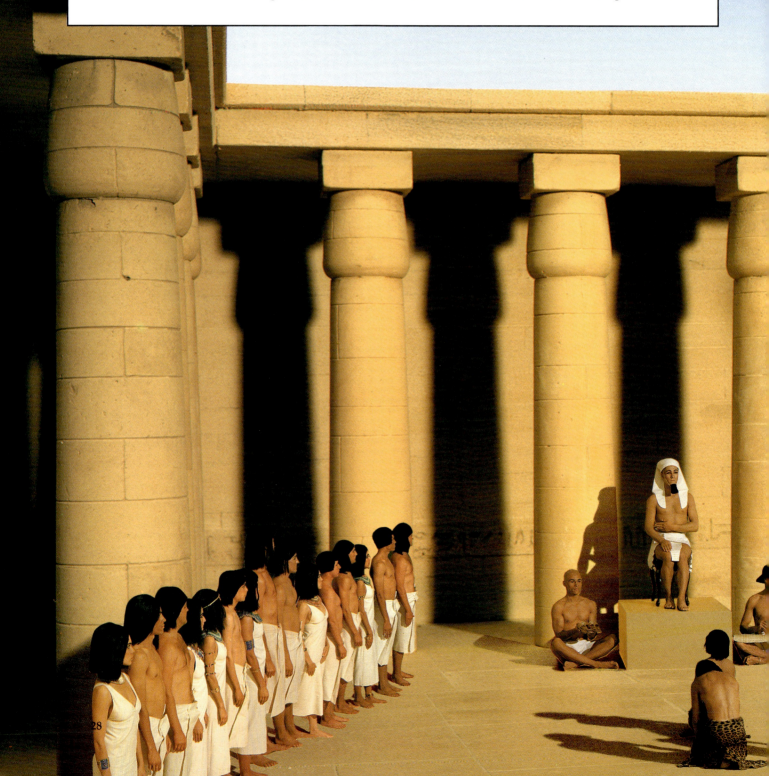

bringen und an endlosen Kulthandlungen teilnehmen. Vor jeder Mahlzeit gab es Waschungen, Mundspülungen und Kleiderwechsel zu vollziehen. Der Pharao aß sogar nach strengen zeremoniellen Regeln, weil das Mahl eine Opfergabe an eine Gottheit war.

Täglich prüfte er die Rechnungen und Berichte, diktierte seinen Schreibern Briefe, erließ Befehle. Manchmal sprach er nicht selbst, sondern ließ Beamte an seiner Statt sprechen. Am Hofe gab es Beamte, die Der Mund, Die Zunge und Der Wiederholer genannt wurden.

Vielleicht verkündete Pharao Chephren in dieser Weise eines Tages um das Jahr 2555 v. Chr. seinen Beschluß, eine Pyramide zu erbauen.

Hotep, *Imachu***, Baumeister und Hoherpriester des Gottes Ptah (des Schirmherrn der Handwerker und Künstler), muß vor Chephren erscheinen. Er wird in aller Form zum „Vorsteher aller Arbeiten" an der Pyramide ernannt, die „Groß ist Chephren" heißen soll.**

Die Nordrichtung auffinden

Die erste Aufgabe des Vorstehers aller Arbeiten bestand darin, die Pläne für die Pyramide zu zeichnen. Die Orientierung des Bauwerks nach Norden zu war festzulegen. Es gab die alte Vorstellung, daß die Seele des Pharao bei dessen Tode ein Vogel wurde, der mit einer Lampe im Schnabel davonflog, um ein Stern am nördlichen Himmel zu werden. Deshalb mußte die Pyramide zum Polarstern gerichtet sein. Die Positionen der Gestirne am Himmel haben sich im Laufe der Jahrhunderte geändert. Der Stern, den die Ägypter als Polarstern anvisierten, ist der Stern, den wir heute als Alpha Draconis bezeichnen.

Die ägyptischen Priester beobachteten aufmerksam die Sterne, war der Himmel doch das Land der Götter. Mittels Astrologie bestimmten die Priester die „günstigen" und „ungünstigen" Tage des Monats und legten fest, wann die Götterfeste zu feiern waren. Um 4000 v. Chr., tausend Jahre vor Abrahams Geburt, hatten sie einen akkuraten Kalender. (Der amtliche ägyptische Kalender war nicht so gut; da er kein „Schaltjahr" kannte, stimmte er nur alle 1460 Jahre.)

Als die Priester die korrekte Orientierung der Pyramide ermittelt hatten, kamen Chephren und Hotep an einem „günstigen" Tag nach Giza. Sie steckten die vier Ecken der Grundfläche ab und legten unter einem Grundstein Werkzeug und Zaubermittel nieder. Diese Zeremonien waren im *Buch des Tempelbaus* vorgeschrieben, das Imhotep verfaßt hatte, der Architekt der ersten Pyramide.

Der Priester mit dem Titel „Beobachter der Zeit" trägt einen *Bai* (Palmenstab). Er visiert den Polarstern an, indem er den Stern und den von seinem Diener gehaltenen Stab in eine gerade Linie bringt, und diese Linie verläuft genau nach Norden. Die Messungen des Priesters sind so exakt, daß die Abweichung der am wenigsten akkuraten Pyramidenseite nur 1/12 Grad beträgt.

Planieren

Nachdem am Bauplatz Gebete verrichtet worden waren, räumte eine Gruppe von Arbeitern den Sand weg und begann, das Gestein darunter zu glätten.

Die Chephrenpyramide wurde auf einer abfallenden Fläche errichtet und die Basis der Pyramide überdeckte 11 Morgen. Um diese riesige Fläche zu planieren, legten sie ein Grabensystem an und füllten die Gräben mit Wasser (siehe unten). Der Wasserspiegel ist immer waagerecht, und wenn die Planer die Wasserstandslinie markierten, hatten sie die Horizontale für die ganze Fläche.

Inzwischen legten andere Arbeiter unter der Baustelle einen schräg abfallenden Stollen an. Sobald sie 5 Meter unter Geländehöhe waren, hauten sie aus der Ostwand des Stollens eine kleine Kammer aus. In der Stollendecke wurde ein großer Granitblock angebracht, der in den Gang hinabgelassen werden sollte, um ihn zu verschließen.

Dann wurde in der Mitte der Basis eine 15 mal 5 mal 7 Meter messende, zweite Kammer geschaffen. Von ihr führte ein anderer Stollen zum Rand des Bauplatzes.

Niemand weiß, warum die Erbauer zwei unterirdische Kammern anlegen ließen. Vielleicht wurde während der Errichtung des Baus der Plan geändert, aber es ist auch denkbar, daß der erste Stollen Grabräuber verwirren sollte.

Arbeiter planieren den Grund, um eine ebene Basis für die Pyramide zu schaffen. Sie haben keine Maschinen, keine Geräte mit Motorantrieb, sondern nur Handwerkzeug aus Kupfer oder aus Dolerit, einem harten Gestein. Da sich die Kupferwerkzeuge rasch abnutzen, ist eine Gruppe von Metallarbeitern damit beschäftigt, alte Werkzeuge anzuschärfen und neue zu machen.

Im Steinbruch

Die Steinblöcke für die Pyramide kamen aus Kalksteinbrüchen in der Nähe von Giza. Bis zu 1000 Mann, in Kolonnen eingeteilt, arbeiteten in den Steinbrüchen. Jede Kolonne führte einen Namen. Einer der Blöcke in der Großen Pyramide trägt noch die Inschrift einer der Kolonnen: „Handwerker-Kolonne. Wie stark ist die Krone des Cheops!"

Mit Kupfermeißeln trennten die Männer den Block durch senkrechte Schnitte ab. Dann meißelten sie an der Basis Löcher und trieben Keile aus trockenem Holz hinein. Wenn die Holzkeile befeuchtet wurden, quollen sie auf, drückten den Block nach oben und sprengten ihn dadurch von dem Kalkgestein ab.

Die Kolonnen hauten die Blöcke mit Doleritwerkzeug roh zu. Große Blöcke wurden mit einer Kupfersäge halbiert. Dabei streute man feuchten Sand in den Einschnitt, denn die Schleifwirkung des Sandes erleichterte das Sägen.

Die Verkleidungsblöcke für den Steinmantel der Pyramide wurden aus den Brüchen von Tura auf dem anderen Nilufer herangeschafft. In diesen Brüchen fand sich der feinste Kalkstein in den tiefen Lagen und mußte daher unterirdisch in Stollen gebrochen werden. Die geschnittenen Blöcke wurden bis zur Zeit der Überschwemmung *(Achet)* in Tura aufbewahrt und dann auf Boote verladen und über den angeschwollenen Fluß gesetzt.

Granit gewann man 800 Kilometer südlich von Giza bei Assuan. Weil die Arbeiter häufig von den in der Nachbarschaft lebenden Nubiern überfallen wurden, mußte Chephren zu ihrem Schutz Soldaten entsenden. Niemand ging freiwillig nach Assuan, alle mußten zwangsweise verpflichtet werden.

Granit ist härter und fester als Kalkstein und wurde zu freistehenden Pfeilern und Deckenplatten in den Pyramiden verwendet. Einige der Granitblöcke wogen 50 Tonnen; sie so weit zu transportieren war schon eine Leistung!

Kolonnen von Arbeitern ziehen Steinblöcke zum Nil. Jeder Block wiegt fast 3 Tonnen und muß von den Männern allein mittels Rollen und Hebeln bewegt werden.

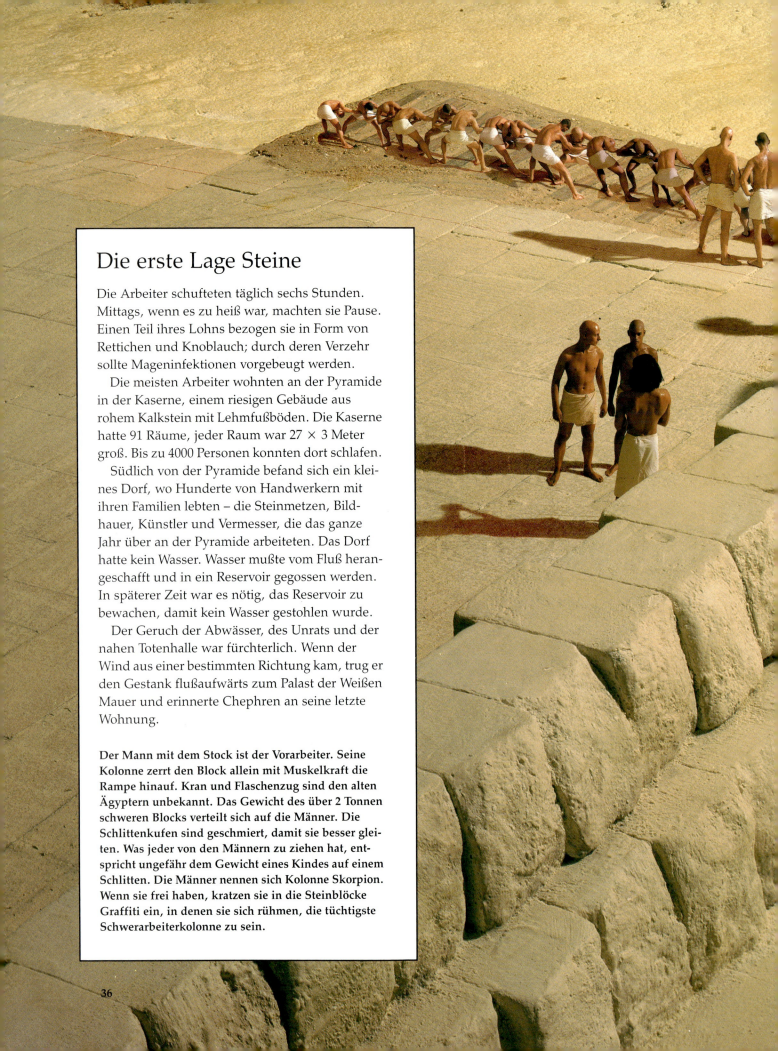

Die erste Lage Steine

Die Arbeiter schufteten täglich sechs Stunden. Mittags, wenn es zu heiß war, machten sie Pause. Einen Teil ihres Lohns bezogen sie in Form von Rettichen und Knoblauch; durch deren Verzehr sollte Mageninfektionen vorgebeugt werden.

Die meisten Arbeiter wohnten an der Pyramide in der Kaserne, einem riesigen Gebäude aus rohem Kalkstein mit Lehmfußböden. Die Kaserne hatte 91 Räume, jeder Raum war 27 × 3 Meter groß. Bis zu 4000 Personen konnten dort schlafen.

Südlich von der Pyramide befand sich ein kleines Dorf, wo Hunderte von Handwerkern mit ihren Familien lebten – die Steinmetzen, Bildhauer, Künstler und Vermesser, die das ganze Jahr über an der Pyramide arbeiteten. Das Dorf hatte kein Wasser. Wasser mußte vom Fluß herangeschafft und in ein Reservoir gegossen werden. In späterer Zeit war es nötig, das Reservoir zu bewachen, damit kein Wasser gestohlen wurde.

Der Geruch der Abwässer, des Unrats und der nahen Totenhalle war fürchterlich. Wenn der Wind aus einer bestimmten Richtung kam, trug er den Gestank flußaufwärts zum Palast der Weißen Mauer und erinnerte Chephren an seine letzte Wohnung.

Der Mann mit dem Stock ist der Vorarbeiter. Seine Kolonne zerrt den Block allein mit Muskelkraft die Rampe hinauf. Kran und Flaschenzug sind den alten Ägyptern unbekannt. Das Gewicht des über 2 Tonnen schweren Blocks verteilt sich auf die Männer. Die Schlittenkufen sind geschmiert, damit sie besser gleiten. Was jeder von den Männern zu ziehen hat, entspricht ungefähr dem Gewicht eines Kindes auf einem Schlitten. Die Männer nennen sich Kolonne Skorpion. Wenn sie frei haben, kratzen sie in die Steinblöcke Graffiti ein, in denen sie sich rühmen, die tüchtigste Schwerarbeiterkolonne zu sein.

Die Deckenplatten der Grabkammer

Mindestens einen Monat dauerte es, bis die 30 000 Blöcke der unteren Schicht der Pyramide verlegt waren. Dann gingen die Arbeiter daran, die Deckenplatten über der Grabkammer anzubringen.

Aber zuvor mußten sie den steinernen Sarg, den Sarkophag, in die Kammer hinablassen. Für den Eingangsstollen war er nämlich zu groß. Sie füllten die Kammer mit Sand und zogen den Sarkophag hinauf, direkt über die Kammer. Dann schaufelten sie die 1000 Tonnen Sand aus. Auf dem immer niedriger werdenden Sandbett sank der Sarg in die Kammer hinab. Zum Schluß wurde er in eine Öffnung gerückt, die man in den Boden der Grabkammer eingeschnitten hatte.

Um die Deckenplatten anzubringen, füllten die Arbeiter den Raum noch einmal mit Sand. Auf hölzernen Rollen zogen sie die Platten über die erste Mauerschicht der Pyramide und hebelten sie auf den Sand. Dann mußte ein wenig beneidenswerter Trupp die 1000 Tonnen Sand aus der Kammer und durch den Eingangsstollen hinausschleppen.

Wenn die Pyramide fertig ist, wird ihr Gesamtgewicht auf den Deckenplatten der Grabkammer lasten. Deshalb müssen die Platten präzise in eine bestimmte Lage gebracht werden, nämlich so, daß sie ein umgekehrtes, gedrücktes „V" bilden. Auf diese Weise wird der nach unten wirkende Druck der Pyramide nach der Seite hin auf die Wände der Grabkammer abgelenkt.

Auf halbem Wege

Zweitausend Jahre nach Chephrens Zeit behauptete der griechische Geschichtsschreiber Herodot, Chephren und Cheops seien Tyrannen gewesen, sie hätten die Ägypter unterdrückt und zur Fronarbeit an den Pyramiden gezwungen. „100 000 Mann waren ständig am Werk", schrieb Herodot, „und wurden jeden Monat durch ein frisches Aufgebot ersetzt."

Nach heutiger Meinung konnten aber höchstens jeweils 8000 Männer zur gleichen Zeit auf der Pyramidenbaustelle arbeiten. Wären es mehr gewesen, so hätten sie sich gegenseitig behindert.

Die Arbeiter waren keine widerspenstigen Sklaven. Zwar mußten sie unter strenger Aufsicht hart arbeiten, aber sie glaubten, daß der Pharao ein Gott war, der das Land schützte, und daß für die ewige Geborgenheit des Pharao alle Sorge tragen sollten. Zudem bekamen sie als Arbeitslohn Nahrungsmittel zu einer Zeit, in der die Felder überschwemmt waren und nichts tragen konnten.

Chephrens Pyramide hatte eine Grundfläche, deren Seiten 216 Meter maßen, und bestand aus über zwei Millionen Steinblöcken. Was die Errichtung eines so großen Bauwerks organisatorisch erforderte, kann man sich kaum vorstellen.

Tausende von Bauern wurden als Arbeitskräfte

eingezogen. Die meisten von ihnen waren aber nur in den vier *Achet*-Monaten abkömmlich. Eine Bauzeit von 20 Jahren für eine Pyramide bedeutete, daß täglich tausend Steinblöcke verlegt zu werden hatten – jede Minute drei. Da die Pyramide höher wurde, mußten die Arbeiter die Blöcke über lange Rampen hinaufschleifen. Wenn die Pyramide zwei Drittel ihrer geplanten Höhe erreicht hatte, waren nur noch vier Prozent der Blöcke zu plazieren, das ergab sich aus der Pyramidenform. Trotzdem blieben noch an die 80 000 Blöcke zu verlegen, die die Arbeiter über die Rampen heranschafften.

Inzwischen gab es aber noch mehr zu tun, denn Chephren hatte die Errichtung einer kleineren Pyramide an der Südseite seiner eigenen Pyramide befohlen. Diese kleinere Pyramide ist heute fast völlig zerstört. Sie hatte eine Grundfläche von 20 m^2 und war 13 m hoch. Mitunter wird sie als „Pyramide einer Königin" bezeichnet. Der Eingang ist allerdings so klein, daß ein Erwachsener schwerlich hindurchgelangen kann.

Noch am späten Abend tüftelt der Aufseher am Arbeitsplan für den nächsten Tag. Die Pyramide ist ein Wunderwerk ägyptischer Organisationskunst. Über einhundert Kolonnen werden fortlaufend Steinblöcke über die Rampen nach oben ziehen.

Unfälle

Man könnte meinen, eine Pyramide sei ein unkompliziertes Bauwerk. Doch der Schein trügt. Weil die Steinblöcke so schwer sind, ist die Pyramide sehr instabil. Imhotep, der die erste Pyramide entwarf, entdeckte, wie sich das Gewicht verteilen ließ – nämlich durch Dutzende von schrägen Strebemauern im Inneren der Pyramide, die im Abstand von 2,5 m errichtet wurden.

Trotzdem mißlangen manche Pyramiden. Chephrens Großvater, Snofru, hatte drei Pyramiden erbaut. Die Pyramide in Meidum hatte nur alle 5 m eine Strebemauer und stürzte ein, vielleicht nach einem heftigen Regenguß. Das Dach einer Kammer in der Knickpyramide riß während der Bauarbeiten; deshalb mußte man in halber Höhe den Neigungswinkel der Seiten ändern, um die ursprünglich vorgesehene Höhe der Pyramide zu verringern. Von der Roten Pyramide in der Nähe fielen die Verkleidungsblöcke ab. In Anbetracht dieser Vorfälle ist es um so bemerkenswerter, daß der Bau der Chephrenpyramide so gut gelang.

Schon die kleinste Unachtsamkeit läßt die Pyramide zu einem gefährlichen Berg werden. Jeden Tag haben Ärzte auf der Baustelle Fingerschnittwunden, gequetschte Zehen und gebrochene Gliedmaßen zu behandeln. Nur eine vom Glück begünstigte Kolonne verliert keinen einzigen Mann.

Königsfiguren aus Stein

Ehe die Bildhauer mit der Arbeit an einer Statue beginnen konnten, mußten verschiedene Kultzeremonien durchgeführt werden. Sodann zeichnete ein Zeichner ein Raster mit quadratischen Feldern auf die Oberfläche des Steins und auf jede Seite des Blocks den Pharao im Umriß von vorn, von den Seiten und von hinten. Das Knie kam immer in das sechste Quadrat, die Schultern kamen in das dreizehnte. Diese Regeln, vorgeschrieben im *Buch des Künstlers*, erklären, warum ägyptische Kunst oft nicht realistisch aussieht.

Die Bildhauer meißelten die Profile von jeder Seite her aus, bis sie einander in der Mitte trafen. Die reine Handarbeit zu Beginn, die keine große Erfahrung erforderte, wurde von Lehrlingen ausgeführt; den letzten Schliff gab dem Werk der Vorsteher der Bildhauer. Andere Männer arbeiteten an den Ersatzköpfen, die man in der Pyramide

aufbewahrte für den Fall, daß Chephrens Körper verlorenging oder beschädigt wurde.

Schließlich schmückte man die Basis der Statue mit den Hieroglyphen für die Namen von Chephren. Dadurch wurde, so glaubten die Ägypter, die Statue zu Chephren. In späterer Zeit ließen wohlhabende Ägypter, die die Kosten für eigene Statuen sparen wollten, manchmal den ursprünglichen Namen abmeißeln und ihren Namen hinzusetzen. Dann wurde es ihre Statue.

Bildhauer in den königlichen Ateliers formen die Dioritstatuen des Pharao, die im Taltempel der Pyramide am Nilufer aufgestellt werden sollen. Einige der Statuen sind fertig und harren der Mundöffnungszeremonie, die ihnen das Leben geben wird.

Die Statuen stellen Chephren nicht dar, wie er ist – ein alter Mann, dem Sterben nahe –, sondern sie zeigen idealisierend Gesicht und Körper eines jungen Mannes. Bei den Statuen im Hintergrund sitzt der Horusfalke hinter dem Kopf des Herrschers, weil der Pharao auch der Gott Horus ist.

Äußerer Mantel und Nachbearbeitung

Die Chephrenpyramide hatte 124 Steinlagen. Obendrauf kam ein großer Deckstein aus Granit. Mit dem Deckstein war die Pyramide 144 m hoch.

Von der Spitze aus abwärts arbeitend, belegten Arbeiter die Pyramide dann mit Hunderten von Verkleidungsblöcken aus Tura-Kalkstein. Im Laufe der Jahrhunderte sind diese Blöcke verwittert, aber zur Zeit des Chephren waren sie fast weiß. Die unterste Schicht von Verkleidungsblöcken wurde aus rotem Granit aus den Steinbrüchen bei Assuan gefügt.

Nahebei schlugen Bildhauer aus dem natürlichen Felsen eine kolossale Sphinx. Ihr Kopf wurde Chephrens Kopf nachgebildet.

Im Laufe der Jahre sind die meisten Verkleidungsblöcke als Baumaterial gestohlen worden. Viele wurden beim Bau der großen Moschee in Kairo im 16. Jahrhundert verwendet. An der Pyramide sind nur noch ein paar nahe der Spitze erhalten.

Steinmetzen richten einen der für die Verkleidung bestimmten Kalksteinblöcke zu. Der Block muß auf den Bruchteil eines Zolls genau eingepaßt werden.

Wenn die Steinmetzen fertig sind, prüfen Priester mit dem Senklot, ob der Böschungswinkel stimmt (52,3 Grad). Dann reiben Arbeiter die Mantelblöcke mit Poliersteinen glatt, bis sie in der Sonne glänzen. Bildhauer beschriften sie mit Hunderten von Hieroglyphen, die schildern, wie Chephren in das Jenseits eingeht, um dort mit den Göttern zu herrschen.

Die letzte Reise

Die Ägypter glaubten, daß die Toten ins Totenreich im Westen reisten, in das Reich des Gottes Osiris. Daher beruhten viele Bestattungszeremonien auf der Geschichte von Osiris.

Nach dem Mythos zerstückelte Seth seinen Bruder Osiris und verstreute die Körperteile über ganz Ägypten. Isis, die Gemahlin des Osiris, machte sich auf die Suche und fand nach und nach die Teile. Der Körper wurde einbalsamiert und jeder Teil wurde an einer anderen Stelle bestattet. Durch Zauberkräfte machte Isis aus jedem Teil einen vollständigen Körper. Ihr Sohn Horus berührte den Mund jedes Körpers und erweckte den Körper dadurch zum Leben. Horus tötete Seth, büßte jedoch in dem Kampf ein Auge ein; er erlangte die Sehkraft zurück und wurde Pharao von Ägypten.

Der Tod des Pharao war schrecklich für die Ägypter, weil der Pharao der Gott Horus war, der Beschützer Ägyptens. Wenn der Pharao starb, fühlten sie sich verlassen wie ein Kind in der Wüste ohne seinen Vater. Im Palast saßen Männer mit auf die Knie gesenktem Kopf da. Frauen ließen ihre Kleider von den Schultern rutschen, jammerten laut und streuten sich Asche auf den Kopf. Klageweiber heulten Klagegesänge.

Es war wichtig, daß die Zeremonien gewissenhaft vollzogen wurden. Sonst nämlich konnte Chephren nicht wiedergeboren werden und der neue Pharao nicht die Herrschaft antreten.

Pharao Chephren ist gestorben und Priester haben die Zeremonie der „Suche" nach dem Körper durchgeführt, wie Isis nach Osiris suchte. Dann wird der tote Pharao vom Palast der Weißen Mauer zur königlichen Barke getragen. Der Vorlesepriester führt die Prozession an. Er liest: „Der Himmel weint, die Erde zittert, denn Pharao ist zum Horizont emporgestiegen."

Der Kronprinz schreitet hinter den Priestern. Im Hintergrund tragen Diener die Grabbeigaben, die Chephren für sein Weiterleben brauchen wird.

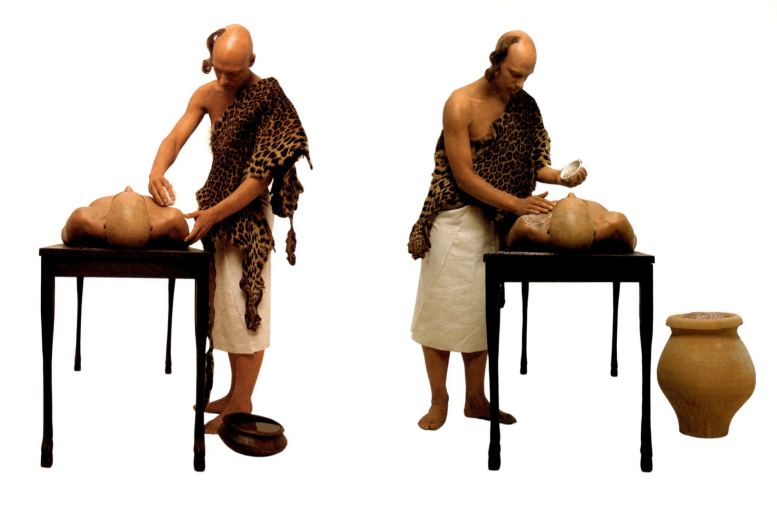

Mumifizierung

Wohlhabende Ägypter verfügten, nach ihrem Tode mumifiziert zu werden, denn sie glaubten, daß sie ihren Körper für ihr Fortleben benötigten.

Arme Leute konnten sich das Mumifiziertwerden nicht leisten. Ihre Leichen wurden nackt im Wüstensand begraben, auf der linken Seite liegend, Blickrichtung nach Westen. Der Sand trocknete die Körper aus und konservierte sie so gut wie der Prozeß der Mumifizierung. Beigaben wie Geräte, Schmuck und Schüsseln mit Speisen zeigen, daß die Toten in das Reich des Osiris zu kommen hofften.

Chephrens Leichnam wurde auf der Totenbarke unter einen Baldachin gelegt. Am Bug brannte eine Lampe. An jedem Ende standen zwei klagende Frauen, die die beiden Göttinnen Isis und Nephthys darstellten. Der Leichnam wurde nilabwärts nach Giza gebracht. Die Ägypter sahen in dieser kurzen Fahrt die Reise, die der Pharao bald über die Marschen ins Jenseits machen würde.

Zu Giza erfolgte die Mumifizierung des Toten. Sie dauerte ungefähr 70 Tage und wurde von bestimmten Priestern vorgenommen, die der Körperschaft der Balsamierer angehörten. Die Zeremonien entsprachen dem Osiris-Mythos. Der Mann, der den Bauch aufschnitt, damit die inneren Organe entnommen werden konnten – der Auftrenner –, wurde durch Steinwürfe vertrieben, vielleicht, weil er die Zuschauenden an Seth erinnerte, der den Körper des Osiris zerstückelt hatte.

Der Körper wurde gewaschen, durch Behandlung mit Natron konserviert und mit Binden umwickelt, wie Isis es bei Osiris gemacht hatte. Die Deckel der vier Kanopenkrüge (der Gefäße, in die die Leber, die Lunge, der Magen und die Eingeweide getan wurden) waren als Tierköpfe gearbeitet und stellten so die vier Götter dar, die, wie man glaubte, die inneren Organe beschützten.

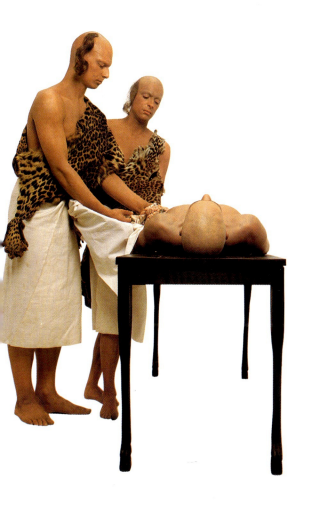
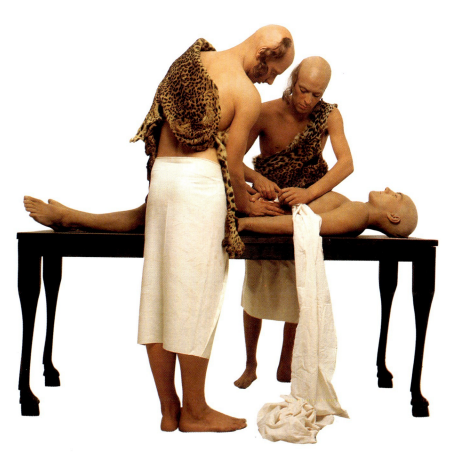

Im Reinigungszelt, *Ibu,* waschen Priester den Leichnam. Dies versinnbildlicht dessen Wiedererweckung zu neuem Leben (oben, ganz links). Dann reiben sie den Körper mit Natron ein, damit die Haut trocken und konserviert wird (oben links).

Der Körper wird in die Balsamierungshalle *(Wabet)* gebracht. Dort werden die inneren Organe, die sich schnell zersetzen, entnommen. Mit Hilfe von Natronkristallen getrocknet, werden sie in Tücher gewickelt, die mit flüssigem Natron getränkt sind, und in vier Kanopenkrüge getan, worin man sie in der Nähe des Pharao beisetzt (oben).

Nun wird der Leichnam mit Parfüms und aromatischen Ölen eingerieben. Den Hohlraum stopft man mit Binden, Natron, getrocknetem Gras und Sägespänen aus (oben rechts).

Dann umwickelt man jeden Teil des Körpers gesondert mit Leinenbinden, wie Isis es bei Osiris gemacht hatte.

Sorgfältig wird jegliche Beschädigung des Kopfes vermieden. Die Priester bemühen sich, das Gesicht so lebensecht wie möglich aussehen zu lassen. Allerdings werden die Gesichtsbandagen grün bemalt – wie das Antlitz des Osiris ist (rechts).

Ritual der Mundöffnung

Die Portale des Taltempels waren mit Chephrens Namen und Titeln beschriftet. Das von dem weißen Alabasterfußboden zurückgeworfene Sonnenlicht gab dem Raum etwas Weihevolles. In dem Tempel standen 23 Statuen des Pharao Chephren, eine für jeden Teil seines Körpers. Jede Statue wurde durch die Mundöffnungszeremonie „zum Leben erweckt". Auf diese Weise, glaubten die Ägypter, bekam der *Ka* des toten Pharao 23 weitere Stätten (außer dem mumifizierten Körper).

Nach dieser Zeremonie wurde Chephrens Sarg über einen gedeckten Aufweg zum Totentempel neben der Pyramide gebracht. Der Aufweg war ein großartiges, 400 Meter langes Bauwerk, in das durch Schlitze im Dach Licht einfiel. Im Tempel wurde ein Stier geschlachtet. Weitere Gebete erklangen. Die Priester glaubten, daß die Kraft des Stiers Chephren helfen würde, von den Toten aufzuerstehen.

Schließlich trug man Chephrens Sarg durch den Gang zur Grabkammer in der Pyramide und senkte ihn in den Steinsarkophag. Hierauf wurde der Sarkophag mit dem Deckel verschlossen. Erst jetzt konnte der Kronprinz den Thron besteigen und den Titel Pharao annehmen.

Das Ritual der Mundöffnung belebt die Statue des Pharao Chephren. Die Zeremonie vollzieht nach, wie Horus und Isis den Osiris wieder zu neuem Leben erweckt hatten. Vorgenommen wird die Zeremonie von Priestern einschließlich des Kronprinzen (rechts), der der Sohn des toten Pharao ist. Die Priester besprengen die Statue mit Wasser, beräuchern sie und bringen Opfer dar. Mit einem Meißel und einem Dachsel genannten Werkzeug berühren sie den Mund der Statue. Dann reiben sie ihr Milch auf die Lippen und bekleiden sie mit königlichen Gewändern.

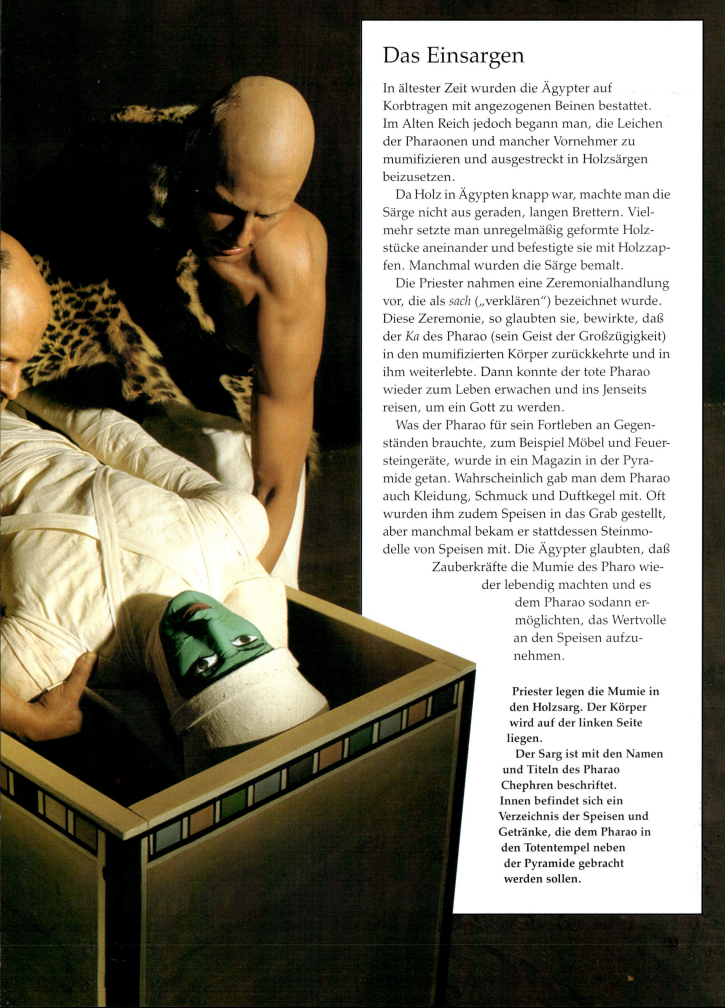

Das Einsargen

In ältester Zeit wurden die Ägypter auf Korbtragen mit angezogenen Beinen bestattet. Im Alten Reich jedoch begann man, die Leichen der Pharaonen und mancher Vornehmer zu mumifizieren und ausgestreckt in Holzsärgen beizusetzen.

Da Holz in Ägypten knapp war, machte man die Särge nicht aus geraden, langen Brettern. Vielmehr setzte man unregelmäßig geformte Holzstücke aneinander und befestigte sie mit Holzzapfen. Manchmal wurden die Särge bemalt.

Die Priester nahmen eine Zeremonialhandlung vor, die als *sach* („verklären") bezeichnet wurde. Diese Zeremonie, so glaubten sie, bewirkte, daß der *Ka* des Pharao (sein Geist der Großzügigkeit) in den mumifizierten Körper zurückkehrte und in ihm weiterlebte. Dann konnte der tote Pharao wieder zum Leben erwachen und ins Jenseits reisen, um ein Gott zu werden.

Was der Pharao für sein Fortleben an Gegenständen brauchte, zum Beispiel Möbel und Feuersteingeräte, wurde in ein Magazin in der Pyramide getan. Wahrscheinlich gab man dem Pharao auch Kleidung, Schmuck und Duftkegel mit. Oft wurden ihm zudem Speisen in das Grab gestellt, aber manchmal bekam er stattdessen Steinmodelle von Speisen mit. Die Ägypter glaubten, daß Zauberkräfte die Mumie des Pharo wieder lebendig machten und es dem Pharao sodann ermöglichten, das Wertvolle an den Speisen aufzunehmen.

Priester legen die Mumie in den Holzsarg. Der Körper wird auf der linken Seite liegen.
Der Sarg ist mit den Namen und Titeln des Pharao Chephren beschriftet. Innen befindet sich ein Verzeichnis der Speisen und Getränke, die dem Pharao in den Totentempel neben der Pyramide gebracht werden sollen.

Nach der Bestattung

Die Ägypter machten sich viele verschiedene Vorstellungen davon, was mit Chephren geschah, sobald sich sein mumifizierter Körper in der Pyramide befand.

Die Priester des Re meinten, der Pharao komme in den Himmel, um mit Re im Reich der Götter zu herrschen. Texte in bestimmten Pyramiden beschreiben seine Ankunft: „Die Riegel der Türen fliegen auf. Er verzehrt die Götter als seine Mahlzeiten." Im Jenseits wurde er einer der *Imachu* des Re und begleitete Re auf seiner Fahrt mit der Sonne über den Himmel.

Die Priester des Osiris sagten, der Pharao reise in das Reich des Westens, um dort zu herrschen und Osiris zu werden. Als Pharao hatte Chephren den Gott Horus verkörpert. Nach seinem Tode indes regierte sein Sohn in Ägypten. Chephren war nun der Vater des Pharao-Horus, und der Vater des Horus war Osiris.

Als Osiris nutzte Chephren seine göttliche Macht, um Ägypten und den neuen Pharao zu schützen. Das erklärt den Festungscharakter von Chephrens Pyramide: Sie sollte Chephrens mumifiziertem Körper Sicherheit bieten, damit Chephren weiterhin Ägypten schützen konnte.

Diesen Zweck hat das Bauwerk nicht erfüllt. 1818 entdeckte der Italiener Giovanni Belzoni den Eingang zu der Pyramide. Belzoni fand das Magazin leer vor und das Grab offen. Der Sarkophagdeckel aus poliertem Granit lag zerbrochen auf dem Boden. Chephrens Leichnam war weg.

Kronprinz und Priester verlassen die Grabkammer und verschließen den zu ihr führenden Gang. Sie haben sogar ihre Fußspuren vom Boden gewischt. In der Königskammer der Chephrenpyramide ist alles still. Chephrens Körper liegt unter Tausenden Tonnen Mauerwerk, das ihn schützt.

Opfergaben für den Toten

Um Chephrens ewige Sicherheit zu gewährleisten, vollzogen Priester ständig kultische Handlungen im Totentempel. Die Hauptaufgabe bestand für sie darin, Nahrung für Chephrens *Ka* bereitzustellen; Chephren wollte sich nicht wie die vernachlässigten Toten behandelt sehen, die Hunger litten. Chephren richtete Güter ein, von denen die Priester leben und die Speiseopfer beziehen konnten. Die *Ka*-Priester durften keine andere Arbeit verrichten.

Es ist eine merkwürdige Tatsache, daß das blühendste Geschäft im Alten Reich sozusagen das mit dem Tode war. Ein Pharao, der eine Pyramide errichtete, war der wichtigste Kunde der Wirtschaftszweige Bauwesen, Steinbrüche und Schiffahrt in Ägypten. Zugleich hatten die Maler und Bildhauer in ihm ihren größten Förderer. Beim Bau einer Pyramide erprobten sich Astronomen, Architekten und Mathematiker und sammelten Erfahrungen. Tausende von Beamten waren damit beschäftigt, Arbeitskräfte zu requirieren und Steuern zur Deckung der Baukosten einzutreiben. Die meisten Ägypter arbeiteten irgendwann einmal an einer Pyramide.

Das gewaltige Ausmaß all dieser Tätigkeiten strapazierte die Wirtschaft Ägyptens. Jeder Pharao, jeder Vornehme, der sich eine Grabstätte errichtete, verschärfte das Problem. Für den Totenkult wurden soviel Reichtum, Land und Nahrungsmittel eingesetzt, daß die Versorgung der Toten die Lebenden schädigte.

Der Priester hat sich dreimal gewaschen, saubere weiße Leinenkleidung angelegt und sich am Körper rasiert. Er bringt Speiseopfer für Chephren und stellt sie vor eine Scheintür, die in die Steinblockmauer des Totentempels eingeschnitten ist. Der Priester glaubt, daß Chephrens *Ka* herauskommen und die Speisen essen wird.

Die Schiffsgruben

Nach Chephrens Bestattung ging die Arbeit an den Pyramiden weiter. Chephrens Sohn Mykerinos oblag es, die Bauwerke in der Nähe der Pyramide seines Vaters zu vollenden, während er zugleich mit dem Bau seiner eigenen begann. Die Errichtung eines ganzen Pyramidenkomplexes war in der Regel ein zu umfangreiches Unternehmen, als daß es in der Regierungszeit eines Pharaos bewältigt werden konnte.

Wahrscheinlich war bei Chephrens Tod weder der Taltempel noch der Totentempel fertig. Handwerker mußten noch den gedeckten Aufweg zwischen den Tempeln dekorieren. Nach Herodot, der Giza um 450 v. Chr. besuchte, waren die Wände mit farbigen Reliefs geschmückt. Vielleicht zeigten sie den Glanz der Regierung Chephrens, vielleicht Szenen aus dem täglichen Leben. Neben dem Totentempel hoben Arbeiter sechs große Schiffsgruben aus. Ähnliche Vertiefungen sind in der Nähe mehrerer ägyptischer Gräber gefunden worden. Eine Grube kam erst 1954 neben der großen Pyramide des Cheops zutage; diese Grube bedeckten 41 mit rosa Mörtel verkittete Steinschwellen. Die Archäologen rochen 4500 Jahre altes Räucherwerk. Die Grube enthielt das königliche Schiff des Pharao. Es war in 1224 Teile zerlegt, aber noch so gut erhalten, daß es rekonstruiert werden konnte.

Schiffszimmerleute zerlegen die Barke, die den toten Chephren nach Giza gebracht hat. Das Schiff ist aus Zedernholz von Byblos (Libanon). Seile dienen zum Zusammenspannen der Planken. Jede Planke trägt ein Zeichen, das angibt, wo sie hingehört – backbord, steuerbord, vorn oder hinten. Die Riemen sind an ihrem Platz, das vordere Schiffsende weist nach Westen.

Die Grube, in der sich das Boot befindet, ist eine der sechs Schiffsgruben. Sie wurde vorher mittels einer Gipsschicht luftdicht gemacht. Bald werden Steinmetzen diese Grube mit großen Steinblöcken zudecken.

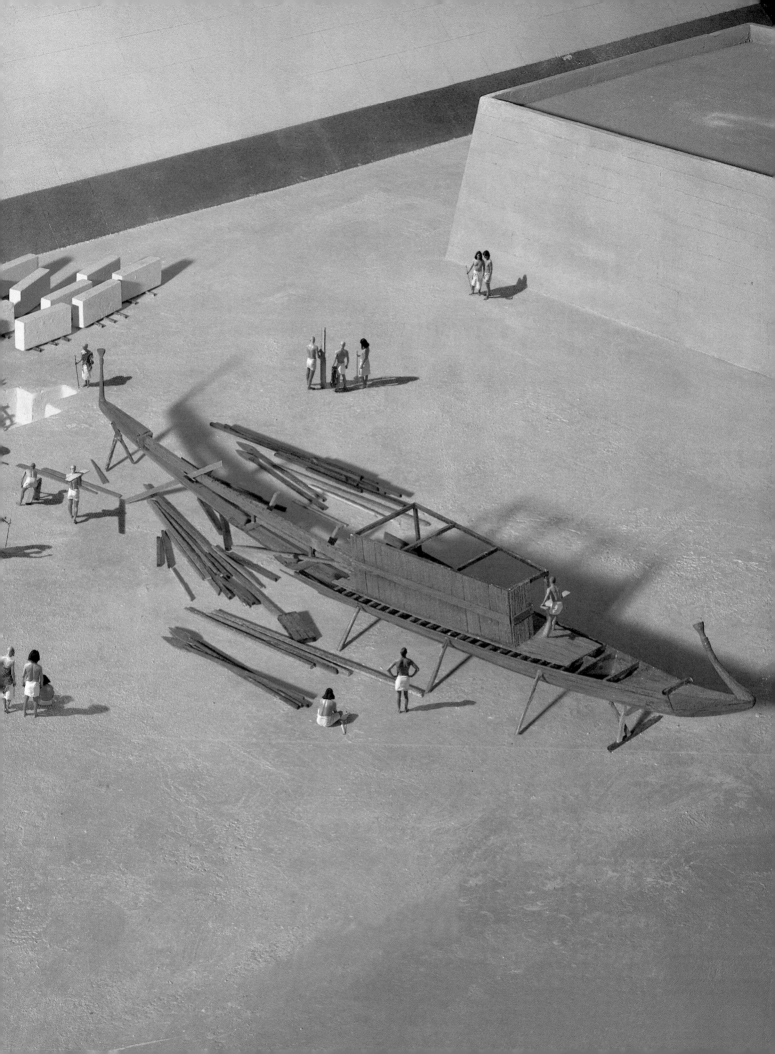

Woher wissen wir all dies?

Das Ende Altägyptens

Die altägyptische Zivilisation bestand noch 2000 Jahre nach dem Ende des Alten Reiches. Im Jahre 332 v. Chr. wurde Ägypten von den Griechen erobert. Allmählich begannen Kultur und Schrift der alten Ägypter zu versinken. 391 n. Chr. schlossen die Römer die meisten ägyptischen Tempel. Wie die Hieroglyphenschrift zu lesen war, geriet in Vergessenheit.

Jüdische, griechische und römische Quellen

Lange Zeit wußte man von den alten Ägyptern nur das, was die Juden und die Griechen über sie geschrieben hatten.

Die jüdischen Geschichten von Joseph und Moses enthalten Schilderungen des Lebens in Ägypten, aber sie sind den Ägyptern gegenüber voreingenommen. Heute wissen wir, daß die Ägypter ihre eigenen Versionen dieser Erzählungen hatten.

Die Griechen und später die Römer lachten über die Ägypter, die Aale anbeteten, statt sie zu essen, und die wegen eines Streits über ein heiliges Krokodil Krieg führten.

Ihren Büchern jedoch können wir eine Menge Informationen über die Ägypter entnehmen. Manetho, ein Ägypter, der in der Römerzeit lebte, stellte eine Pharaonenliste mit 31 Dynastien auf, die noch heute benutzt wird. Herodot bereiste und beschrieb Ägypten in den Jahren um 450 v. Chr., doch müssen Historiker berücksichtigen, daß er 2000 Jahre nach Chephren schrieb und seine Bücher mit allerlei Klatsch würzte.

Mißverständnisse

Viele Jahre lang war daher über die Pyramiden nur wenig bekannt. Man mutmaßte, sie seien Observatorien gewesen oder von Joseph für den Pharao als Kornspeicher gebaut worden. Auch als Teil eines Versuches, die Erde zu messen, wurden sie gedeutet.

Selbst heutzutage werden ausgefallene Pyramidentheorien vorgelegt. Da heißt es z. B., Besucher aus dem Weltraum hätten die Pyramiden errichtet, oder, eine Pyramide könne zwar als Erhaltungsort für Leichen dienen, aber von ihrer Form her ebensogut zum Schärfen von Rasiermessern . .

Hieroglyphen und Archäologie

Die zuverlässigsten Informationen über die alten Ägypter geben uns indes die alten Ägypter selbst – in dem, was sie geschrieben haben, und in ihren Denkmälern.

1799 fand ein Offizier, der im Heer Napoleons diente, den Stein von Rosette. Auf dem Stein

stand ein dreisprachig abgefaßter Text – in Griechisch, Demotisch (einer Form der ägyptischen Schrift) und in Hieroglyphen. In dem Text tauchte mehrmals der Name Ptolemaios auf, und Gelehrte erkannten, daß die Hieroglyphen, die dem Namen entsprachen, stets mit einer ovalen Kartusche umrahmt waren. 1822 entzifferte der Franzose Jean François Champollion die Hieroglyphen, indem er die Buchstaben mit den Zeichen in der Kartusche der Königin Kleopatra gleichsetzte. Champollion war der erste seit 400 n. Chr., der die Zeichen verstand.

Bald stellte sich heraus, daß die koptische Sprache (die noch in einigen ägyptischen Klöstern gesprochen wurde) der Sprache ähnlich war, die

die alten Ägypter vor 5000 Jahren gesprochen hatten. Heutige Historiker können Texte lesen, die von Schreibern stammen, die in der Regierungszeit Chephrens gelebt haben. Zum Beipiel können sie lesen, wie jemand als Wesir eingesetzt wurde; was von einer Expedition nach Nubien (Sudan) zurückgebracht worden war; was für Arzneien ägyptische Ärzte verschrieben. Hunderte von Zaubersprüchen an den Wänden bestimmter Pyramiden – die Pyramidentexte – zeigen, wie sich die Ägypter das Fortleben des Pharao im Jenseits vorstellten.

Mittlerweile hatten Archäologen damit begonnen, die Gräber, Tempel und anderen Zeugnisse der altägyptischen Kultur zu studieren. Der berühmte Archäologe W. M. F. Petrie (1853–1942) legte durch Grabungen allenthalben in Ägypten Dutzende von Fundstätten frei.

Interpretation und Fehler

Aber noch ist da vieles, was wir nicht wissen. Niemand weiß beispielsweise, wo die Mumifizierung im Alten Reich vorgenommen oder wie eine Pyramide denn nun eigentlich erbaut wurde. Die Illustrationen in dem vorliegenden Buch fußen auf einer amerikanischen Theorie, die eine Spirale von Rampen rings um die Pyramide herum annimmt. Andere Historiker meinen, es habe an der Pyramide nur eine einzige, riesige, nach oben führende Rampe gegeben. Keine der beiden Rampen-Theorien überzeugt. Eine Einzelrampe wäre über eine Meile lang gewesen und hätte ein größeres Bauvorhaben als die Pyramide selbst dargestellt!

Übersetzer und Archäologen können uns die Tatsachen über das mitteilen, was sich aus der Vergangenheit erhalten hat, aber der Historiker muß diese Fakten interpretieren, um herauszufinden, wie das Leben damals war. Zum Beispiel könnte man leicht zu der Ansicht gelangen, alle Ägypter hätten sich immerzu mit dem Tode beschäftigt und hätten für die Regierung gearbeitet. Das jedoch ist unwahrscheinlich. Der Eindruck entsteht nur, weil die meisten Informationen aus den Gräbern reicher Regierungsbeamter stammen. Ein Historiker muß die Quellen studieren und sich dann selber eine Meinung bilden.

Vielleicht wirst auch du eines Tages eingehend Ägypten studieren und eigene Auffassungen entwickeln.

Index

Assuan Stadt im Süden Ägyptens, 6, 35, 47
Ärzte 23, 25, 42
Alltagsleben 16, 21
Achet Siehe **Jahreszeiten**

Bai Ein Palmstab, von den Priestern benutzt, um die Nordrichtung aufzufinden, 30
Byblos (Libanon), 28, 60

Cheops Pharao Ägyptens, 2589–2566 v. Chr., 7, 8–9, 35, 40, 60
Cheopspyramide 8–9, 35, 60
Chephren Pharao Ägyptens, 2558–2533 v. Chr. 7, 8, 14, 28–29, 30, 35, 36, 40–41, 45, 47, 49, 50, 53, 54, 57, 59, 60, 62–63

Deschret Die Wüste, 6, 27
Djoser Der Pharao, der die erste ägyptische Pyramide baute, die Stufenpyramide von Sakkara, 8, 10

Erziehung 14, 21, 22–23

Frauen 16, 19, 21, 23, 28, 49, 50

Gau Ein Verwaltungsdistrikt, 6–7, 14
Götter 6–7, 11, 12, 15, 27, 40, 47, 49, 50–51, 53, 54, 57, 60
Grabkammer 9, 33, 38, 54, 57
Große Pyramide siehe **Cheopspyramide**
„**Groß ist Chephren**" Die von **Chephren** erbaute Pyramide, 7, 8, 9, 29, 30, 33, 35, 36, 38, 40–41, 47, 54, 57, 60

Hemuu Die Handwerker 14, 16, 23, 33, 36, 44–45, 47, 60
Herodot Griechischer Geschichtsschreiber, 40, 62
Hieroglyphen siehe **Schrift**
Horus Der Sohn des Osiris; er tötete **Seth**, 7, 27, 45, 49, 54, 57

Ibu Das Reinigungszelt, wo der Leichnam des Pharo gewaschen wurde 51
Imachu Die höchsten Beamten des Pharao, 14, 27, 29, 57
Imhotep Architekt der ersten Pyramide, 30, 42

Isis Eine ägyptische Göttin, die die Gemahlin von Osiris war, 6, 12, 49, 51, 54
Jahreszeiten Die Ägypter teilten das Jahr in drei Jahreszeiten ein, *Achet, Projet* und *Schôm*, 6, 10–11, 12, 35, 41

Ka Der Geist der Großmut, 21, 53, 54, 59
Kalender 30
Kemet Das Schwarze Land, das ägyptische Wort für Ägypten, 6
Kherp Der Halter der Zuchtrute, 12
Königinpyramide Bezeichnung für kleinere Pyramiden neben der Hauptpyramide, 41
Kosmetik 18
Kusch Ein Land im Süden Ägyptens, wahrscheinlich Äthiopien, 28

Landwirtschaft 6, 10–11, 12, 14, 59
Leben nach dem Tode 7, 8–9, 30, 49, 50, 53, 54, 57, 59, 60, 63

Mastabas Kleine Grabbauten, 8
Menes Der erste Pharao, der über Ober- und Unterägypten herrschte, 6
Meret Die Bauern, 9, 11, 12, 14, 16, 27, 33, 35, 36, 38, 40–41, 42, 47, 50, 59
Mumien In Natron haltbar gemachte und mit Binden umwickelte Leichname, 7, 49, 50–51, 53, 54, 57, 64
Mundöffnung Die Zeremonie, durch die, so glaubte man, die Statuen des Pharaos „belebt" wurden, 45, 54

Nahrung 11, 16, 21, 23, 27, 28–29, 36, 53, 57, 59
Nil Der Hauptstrom Ägyptens 6, 7, 10–11, 27, 35, 45, 50
Nomarch Ein Gaustatthalter, 14
Nubien Ein Land im Süden Ägyptens, 28, 35

Osiris Der ägyptische Gott der Unterwelt, der auch der Gemahl der Göttin **Isis** war, 6–7, 12, 49, 50–51, 54, 57, 60

Palast der Weißen Mauer Der Palast des Pharaos, um den später die Stadt Memphis entstand, 6, 7, 10, 21, 36, 49

Perô Ein ägyptisches Wort aus späterer Zeit, das „großes Haus" bedeutet und von dem das Wort „Pharao" stammt, 6
Petrie, W. M. F. Ein berühmter Archäologe, der viele Jahre lang die Pyramiden erforschte, 41
Priester 7, 10, 14, 23, 27, 29, 30, 49, 50–51, 53, 54, 57, 59
Projet Siehe **Jahreszeiten**

Re Der Sonnengott, 7, 8, 28, 57
Regierungsbeamte 10–11, 12, 14, 21, 22–23, 27, 28–29, 30, 44, 59, 63
Rote Pyramide 42

Sach Eine Zeremonie, die „verklären" bedeutet und bewirkte, daß der *Ka* in den toten Pharao zurückkehrte, 53
Särge 38, 53, 54, 57
Sarkophag Ein äußerer Steinsarg, 38, 54, 57
Schiffsgrube Grube für die Barke des Pharao, 60
Schreiber 14, 22–23, 29, 63
Schrift Von den **Schreibern** in Hieroglyphen (heilige Schriftzeichen) auf Papyrus oder Stein eingeritzte Texte 21, 22–23, 25, 29, 45, 47, 54, 57, 62–63
Seth Der Gott des Bösen, 6, 27, 49, 50
Snofru Pharao von Ägypten 2613–2589 v. Chr., 7, 42
Sphinx Statue vor den Pyramiden von Gise mit dem Körper eines Löwen und dem Gesicht **Chephrens**, 47
Statuen 44–45, 54

Taltempel Ein Tempel am Nil, wo das Ritual der **Mundöffnung** stattfand, 8, 45, 54, 60
Tiere Wichtig als Nahrungslieferanten, aus religiösen Gründen und für die Jagd, sowie in der Medizin und als Haustiere, 7, 11, 12, 19, 21, 25, 27, 50, 54
Tjaty Der oberste Minister, 14, 28
To-meho Der ägyptische Name für Unterägypten, 6–7
To-schema Der ägyptische Name für Oberägypten, 6–7
Totentempel Der Tempel am Fuß einer Pyramide, wo die **Priester** dem toten Pharao täglich Speisen bringen, 8, 14, 53, 54, 59, 60
Tura Steinbrüche, aus denen die Verkleidungsblöcke für die Pyramiden stammten, 35, 47

Wabet Die Balsamierungshalle, 51

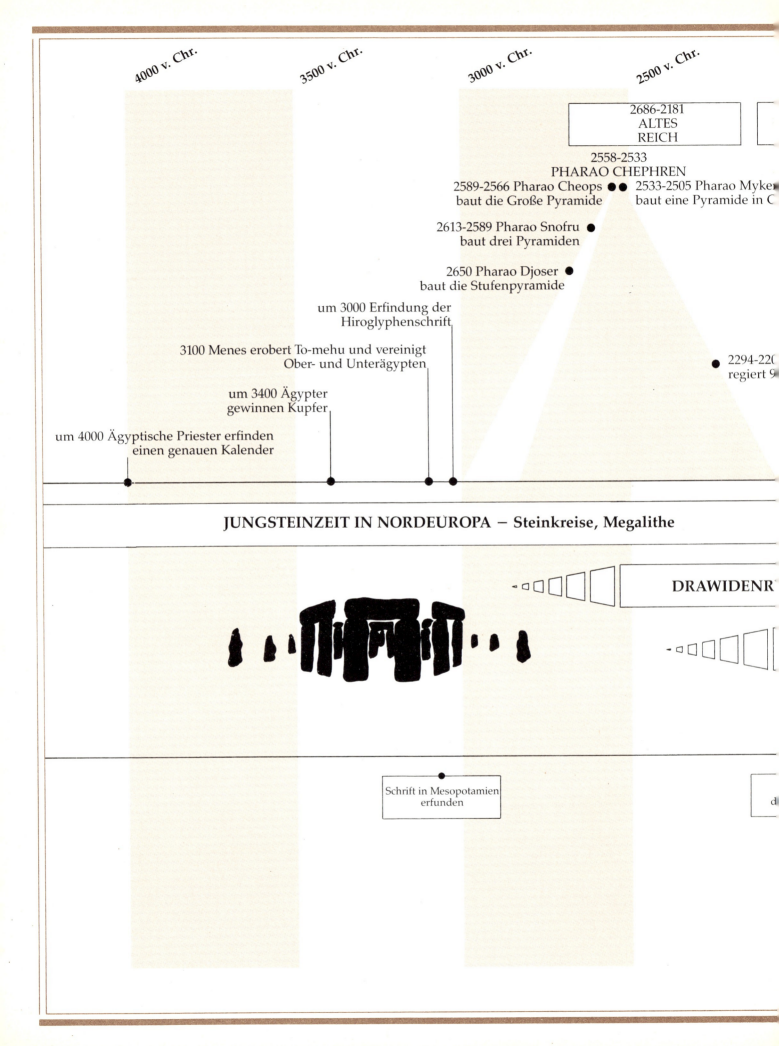